シリーズ現代の流通第3巻

現代の流通政策

岩永忠康・佐々木保幸　編著

五絃舎

はしがき

　現代資本主義は，国家の計画が市場経済にビルト・インされた混合経済体制として特徴づけられており，そのために経済・流通に対する国家の役割は極めて大きい。特に日本においては，国家（政府）が経済に積極的に介入しながら発展したものであり，流通政策においても欧米諸国とは異質の日本型流通政策として特徴づけられている。

　わが国の流通・商業は，市場競争を基本原理としながら，その領域を規制ないし促進しようとする政府の政策に大きく影響されて発展してきた。このことは，わが国の流通部門の構造や機能もまた政府の経済政策や流通政策によって規定的な影響を受けており，政府の流通政策を抜きにして，現代日本の流通・商業を分析することは不十分なものとならざるを得ないであろう。

　現代の社会経済環境の変化に伴ってわが国の流通システムも急激な変化の渦中にあり，同時に多くの問題を引き起こしている。そのためにこれら諸問題を緩和・解消し，かつ消費者の利益ならびに国際化への対応に寄与すべき政府の介入ならびに役割が不可欠なものになってきている。本書は，流通に関わる公的介入としての流通政策について，理論的および実践的な考察を加えながら，流通政策の現状と今後の動向について立ち入った検討を試みようとするものである。

　本書の構成は，第Ⅰ編「流通政策の基礎」，第Ⅱ編「現代の流通問題」の２編から成り立っている。そこで，本書の編別・章別構成における基本的な課題や論点について，簡単な説明をしておこう。

　第Ⅰ編「流通政策の基礎」は，日本の流通政策の基本的な特徴について体系的に取り扱っている。まず第１章「流通政策の基本枠組み」では，流通政策の概念や政策形成メカニズムならびに流通政策の目標やその体系化など流通政策の基本的な知識について考察している。第２章「日本の流通政策の特徴」で

は，資本主義経済における国家の役割を述べたうえで，日本の流通政策の特徴と動向について考察している。第3章「流通政策の形成過程―大店法の事例―」では，大店法の成立過程を通して日本の流通政策の形成メカニズムについての基本的な知識と考え方について考察している。第4章「流通競争政策」では，独占禁止政策の意義を説明したうえで，日本の独占禁止法について解説し，独禁政策と現実の流通問題の関連をまとめている。第5章「流通調整政策」では，第一次百貨店法に始まるわが国大型店規制政策の変遷について概観しながら，流通調整政策の展開を具体的に考察している。第6章「流通振興政策」では，地域商業の振興を図る地域商業振興政策，および流通部門全体の効率化を図る流通近代化政策，流通システム化政策について考察している。

第Ⅱ編「現代の流通問題」は，現代日本の流通問題を多面的に取り扱っている。まず第7章「流通政策とまちづくり」では，流通政策のうちのまちづくり政策について，その政策理念に深く関係するコンパクトシティ構想について解説したうえで，それを実際に担う「まちづくり三法」について解説する。第8章「地域商業政策」では，地域商業政策が重視される背景をふまえ，地域商店街活性化法や地方自治体による商業振興条例を解説する。第9章「大型店撤退問題」では，大型店撤退に関わる基本的な問題や知識について考察している。第10章「酒類小売政策」では，1990年代から2000年代前半に実施された酒類小売業免許の規制緩和が酒類小売業態に与えた影響について考察している。第11章「消費者保護政策」では，わが国の現行の消費者政策が決して消費者保護政策になっていない実態を確認し，真の意味での消費者保護実現に向けた課題について考察している。第12章「流通政策の国際比較」では，大型店出店規制政策を中心に諸外国で行われている流通政策を比較検討する。

本書は，大学生や社会人に向けた流通政策についての基礎的な知識や理論を分かりやすく解説・説明した入門書である。したがって，流通政策の入門書としての基本的体裁・内容にするために，編者によって編別・章別構成の大枠を設定したが，各章の内容は執筆者諸氏の専門の視点から独自の分析を行っているものであり，流通政策に関わるそれぞれの分野について基本知識の理解や方

向づけがなされている。

　この出版の企画に賛同していただき，多忙にもかかわらず貴重な論文をお寄せいただいた執筆者諸氏に対し，心から敬意と謝意を表わしたい。最後に，本書の出版を快くお引き受け，格別のご配慮とお手数を煩わせた五絃舎社長：長谷雅春氏に対し，執筆者を代表して心よりお礼を申し上げる次第である。

2013年2月27日

編者　岩永 忠康・佐々木 保幸

目　次

第Ⅰ編　流通政策の基礎

第1章　流通政策の基本枠組み — 3
- 第1節　流通政策の概念　*4*
- 第2節　流通政策の形成メカニズム　*7*
- 第3節　流通政策の目標と評価基準　*11*
- 第4節　流通政策の構造体系と潮流　*14*

第2章　日本の流通政策の特徴 — 21
- 第1節　資本主義経済における国家の役割　*22*
- 第2節　日本の流通政策の特徴　*25*
- 第3節　日本の流通政策の転換　*29*

第3章　流通政策の形成過程 ―大店法の事例― — 37
- 第1節　大店法の成立背景　*38*
- 第2節　大店法成立の政治力学　*41*
- 第3節　大店法の成立過程　*48*

第4章　流通競争政策 — 53
- 第1節　独占禁止法の概要と特徴　*54*
- 第2節　独占禁止法と流通問題　*58*
- 第3節　競争政策と消費者　*66*

第5章　流通調整政策 ——————————————— 69
　第1節　大型店規制政策の転換　*70*
　第2節　流通調整政策　*71*
　第3節　わが国流通調整政策の推移　*73*
　第4節　流通調整政策と消費者利益　*82*

第6章　流通振興政策 ——————————————— 87
　第1節　地域商業振興政策　*88*
　第2節　流通近代化政策，流通システム化政策　*92*
　第3節　流通振興政策が流通構造に与えた影響　*100*

第Ⅱ編　現代の流通問題

第7章　流通政策とまちづくり ————————————— 105
　第1節　郊外化の進行と小売商業問題の変化　*106*
　第2節　コンパクトシティ構想とまちづくり　*107*
　第3節　まちづくり三法の考え方　*109*
　第4節　都市計画法　*110*
　第5節　大店立地法　*113*
　第6節　中心市街地活性化法　*115*

第8章　地域商業政策 ——————————————— 119
　第1節　地域商業振興政策の展開　*120*
　第2節　地域商店街活性化法の制定　*123*
　第3節　地域商業振興条例の展開　*126*

第9章　大型店撤退問題 ————————————————— 133
　第1節　大型店問題　*134*
　第2節　大型店に対する政策の経緯　*141*
　第3節　大型店撤退と地域再生に向けて　*145*

第10章　酒類小売政策 ————————————————— 151
　第1節　酒類小売業界を取り巻く環境変化　*152*
　第2節　規制緩和が小売業態に与えた影響　*155*
　第3節　酒類小売規制の緩和による酒類小売構造の変化　*162*

第11章　消費者保護政策 ————————————————— 165
　第1節　消費者問題と消費者政策　*166*
　第2節　消費者の概念と消費者問題領域　*167*
　第3節　わが国における消費者問題・消費者政策の変遷と
　　　　　消費者運動の展開　*169*
　第4節　真の意味での消費者保護政策実現に向けて　*179*

第12章　流通政策の国際比較 ————————————————— 185
　第1節　流通政策の国際比較の意義　*186*
　第2節　流通政策の2つのタイプ　*189*
　第3節　欧米の流通政策　*192*

　索　　引 ————————————————————————— 199

第Ⅰ編　流通政策の基礎

第1章 流通政策の基本枠組み

本章の構成
  第1節　流通政策の概念
  第2節　流通政策の形成メカニズム
  第3節　流通政策の目標と評価基準
  第4節　流通政策の構造体系と潮流

本章のポイント

現代の社会経済の変化に伴って流通システムは大きく変化している。その背景ないし要因には，成熟化・国際化・情報化に伴う社会経済の変化や流通における情報・物流の技術革新，さらに流通に関わる政府の政策の在り方があげられる。本章では，流通に関わる流通政策の基本的な知識と考え方について学習する。

○第1節では，流通政策の概念とその背景基盤について学習する。
○第2節では，流通政策の形成要因とその政策主体や動機について学習する。
○第3節では，流通政策の目標とその評価基準について学習する。
○第4節では，流通政策の構造体系と潮流について学習する。

第1節　流通政策の概念

1. 流通政策の概念

　流通政策とは流通を対象とする**公共政策**である。この定義の含意するところは，第1に流通政策は経済の部分領域である流通を対象とするものであり，第2に流通政策は公共政策の部分領域である（鈴木1998, p.1　岩永2009, p.9）。そこで，この流通政策の概念規定そのものについて考察を加えておこう。

　第1の政策対象としての流通についてみると，**流通**とは商品が生産から消費に至るまでの継起的段階であり，商品が生産者から消費者へ移転する現象ないし活動である。これを機能的視点からみると，流通は商品の生産と消費との間の懸隔を人的，場所的・時間的に架橋する活動といえる。この流通は，人的懸隔の架橋に焦点を合わせれば，商品の所有名義ないし所有権の移転に関わる**商的流通**（取引流通）であり，場所的・時間的懸隔の架橋に焦点を合わせれば，商品の運送・保管に関わる**物的流通**に区分できる。したがって，流通政策の対象は商的流通と物的流通を含むものである（鈴木1998, p.3　岩永2009, p.10）。

　流通は，多くの生産者によって生産された多種多様な商品を多種多様な消費者の需要に対応させるという商品需給調整の役割を担っている。この流通は，商業や流通機構によって遂行される活動としての社会的機能（役割）に注目する機能的視点に立脚した行動的側面，また生産者と消費者との間に卸売業者や小売業者が継起的・段階的に介在し流通機能を担当する制度体（組織体）に注目する制度的視点に立脚した構造的側面という2つの側面から捉えることができる。

　ともあれ，流通政策は，流通の機能的・制度的視点の両者を含む**流通システム**を対象としたものである。したがって，流通政策は，生産と消費との間の懸隔を架橋して商品の効用を高める経済活動としての機能的視点とともに，このような流通機能を担当する商業や生産者の販売活動などの制度的視点も政策対象とするものである（岩永2009, pp.10-11）。

第2の公共政策としての流通政策についてみると，**政策**とは，特定の目標を実現するための手段の決定についての指針や方策である。政策は，その政策主体によって，国家等による財政政策・物価安定政策・金利政策といった公共政策と，個別経済主体である私企業による経営戦略やマーケティング戦略といった企業政策とに大別される。しかし，狭義の政策は，国家とりわけ中央政府によって遂行される公共政策を意味するものであり，**公共の利益**すなわち社会全体の利益に寄与することを目的とした政府の政策である（岩永2009, p.11）。

　一般に，国家（政府）は，合理的な第三者・中立的調停者としての政策主体（アクター）と考えられている。実際に国家機関としては立法府，行政府，司法府などに分かれ，それぞれ独自の役割をはたしている。さらに行政府についても各省に分かれて独自の行政を遂行している。つまり，行政府は，一枚岩ではなく，いわば**縦割り行政**が行われているかぎり，各省や部署においてさまざまなスタンスのもとで公共政策が遂行されているのである。

　公共政策は，その政策主体・対象・目的などによって，経済政策，社会政策，文化政策，環境政策，防衛政策，厚生政策などさまざまな政策に分かれる。そのうち経済政策は，生産・産業を対象とする産業政策，流通を対象とする流通政策，消費を対象とする消費・消費者政策などに区分される。このうち流通政策は，公共政策のうち主として経済の部分領域としての流通を対象とする政策である。

　なお，流通政策と**商業政策**との関係については，両者を同一視する捉え方があるが，厳密にいえば，流通政策には，卸売業や小売業のみならず生産者の販売活動や物的流通活動も政策対象に含まれる。これに対して，商業政策は，卸売業や小売業など商業そのものを政策対象とするものであり，流通政策ほどの政策領域の広がりはなく，いわば流通政策の部分領域であり，その意味では狭義の流通政策といえよう（鈴木1998, pp.2-3　岩永2009, pp.12-13）。

2.　流通政策の背景基盤

　現代の資本主義経済においては，資本と生産の集積・集中に基づいた寡占化

の進展，カルテル的な協調関係の形成など市場機構の内部においてさまざまな市場競争の制限と市場支配が行われ，それによって**市場の自動調整作用**が十分に機能しなくなり，いわゆる**市場の失敗**が発生している。そのため国家（政府）にとっては，市場の失敗を解消しながら資本主義経済の均衡的な発展を図ることが不可欠な課題となっている。

したがって，現代の寡占経済における国家は，経済活動に対する積極的な役割をはたすものとして位置づけられ，本来の市場機構に国家の計画機構が含まれる混合形態をとるようになった（岩永2009，p.14）。つまり，現代の資本主義経済は，経済活動への国家の介入が制度化され，寡占経済と国家の政治過程が不可欠に結合した政治的かつ経済的システム（岡田1983，p.85）となっており，**混合経済体制**として特徴づけられ，経済問題の調整機構として市場機構のみならず計画化機構をも含む混合形態をとっている（中村1983，p.35）。

流通政策の対象である流通における市場の失敗とは，生産と消費を媒介する**流通の社会的機能**が有効に遂行できないような事態であり，技術革新に基づく生産構造の変化や消費者の価値観・ライフスタイルの変化に基づく消費構造の変化といった，流通を取り巻く環境要因の変化に対する流通部門の適応の遅延性や困難性が発生すること。また，流通部門それ自体の内部に起因する種々の支配・拘束システムや不合理な取引関係ならびに取引慣行などによって，流通部門での競争が著しく歪められていることである（鈴木1998，p.6）。

したがって，流通政策とは，経済の流通領域において生起する諸矛盾ないし諸問題を解決するために，政府によって策定され遂行される経済政策であり，その一部は社会政策や総合政策の領域にまで及んでいる。なお，流通政策の当面の課題は，まず現実の流通部門において生起する当面の諸矛盾ないし諸問題を解決することにある。さらに現実の流通部門に対してより広範な視点から新たな流通部門あるいは流通システムを方向づけることも重要な政策課題となっている。

第2節　流通政策の形成メカニズム

1. 政策形成の規定要因

　前述のように，流通政策は公共政策の一環として流通部門において生ずる諸矛盾ないし諸問題を解決するために，政府によって策定され遂行される社会経済政策である。この流通政策を形成する規定要因としては，流通を取り巻く生産構造や消費構造の変化ならびに流通内部に起因する流通問題の発生といった社会経済的要因があげられる。そして，この流通問題に対する利益集団の対応に対して流通政策の形成や政策実践に圧力をかける政治家（政党）ならびにそれらに関わる官僚（行政官僚）の行動といった政治的要因もあげられる。

　したがって，流通政策は，生産構造や消費構造といった流通部門を取り巻く経済的条件ならびに政策形成や政策実践に圧力をかける各種利益集団の影響力としての政治的条件など，その時々の経済的・政治的な状況を反映し，流通問題に対する政府（政党や行政官僚）の姿勢や行動に規定されながら形成される。つまり，現実の流通政策は，「利益集団－政党－行政官僚」という政策主体による行動過程を通して形成されるのである。

　そこで，利益集団，政治家（政党），官僚（行政官僚）の基本的な行動パターンをみると，まず利益集団は，業界団体や事業者団体あるいは全国的な政治組織によって利益集団の組織化を図り，資金や票をリソースとして，官僚（行政官僚）との定期的な接触，政治家（政党）との接触，頂上団体の形成と官僚との制度的関係（審議会への参加）などを通じて政党や行政官僚に働きかける。次に政治家ないし政党は，自己の再選に必要な得票や資金をこれらの支持母体である利益集団から受け取るとともに，その利益集団の代理人として行政官僚に対して法律や通達のなかにその要求を盛り込むように圧力をかける。さらに官僚（行政官僚）は，出世と予算の最大化に必要な情報や天下りポストをこれらの利益集団から受け取るとともに，その要求を代弁する部局や機関（審議会など）を設置したり，金融や税制上の優遇措置を受けたりする（大山 1986, p.55）。

2. 政策形成の政策主体

（1）政治家ないし政党

　現代の国家機構（広義の行政）においては，政策の決定は立法府としての国会，政策の実施は行政府（狭義の行政），政策の維持・評価は司法府という三権分立を基本に運営されている。このうち，議会制民主主義が最高機構として位置づけられているかぎり，基本的政策を決定するのは立法府としての国会のメンバーである政治家やその集団の政党である。

　しかし，政治家や政党は，実際に今日の複雑な社会において民主的な政策決定を困難にしている。第1に，立法府としての国会やそれを構成する政治家（政党）は，著しく多岐にわたって専門化した政策案の細目までを決定することは不可能である。第2に，政治家（政党）は，国民の要求を反映した政策決定をしなければならないが，実際には次回の選挙での当選や政界における自己の地位向上といった利己的動機によって行動することが多く，政治家が広く国民の意思や要求を反映した政策決定を行うことは不可能になっている。

　したがって，国会ないし政治家（政党）は，現実的な政策決定において，政策の大枠を定めたり行政官僚によって立案されたものに若干の修正を施し承認することで精一杯である（鈴木2002，p.14，岩永2009，p.17）。

（2）官僚ないし行政官僚

　公共政策は，その主体が国家（政府）であるかぎり，政策形成ないし政策決定に直接に関与するものが政治家や官僚といえる。彼らは，政策原案を作成し，これを公式に決定する役割を担っている。公共政策は，国家（政府）が公共の利益の実現を標榜して市場経済に介入して自律性を発揮する過程として捉えられる。この場合，国家と市場を媒介するものが官僚（行政官僚）である。つまり，公共政策は，国家と市場との関係を通して両者のインターフェイスたる官僚（行政官僚）によって，はじめて具体的な形となって現れてくるのである（内山1998，p.10）。

　現代の複雑多岐にわたる経済の諸問題に対しては，法律案や政策案の作成のみならず包括的な施政方針や行政方針すら，その原案のほとんどが行政官僚の

手によって作成されているのが実情である。この原案は，政府や与党あるいは諸審議会の審議や賛同をへて，正式に閣議で決定され，最終的に国会に提出されて決定される（鈴木 1989, p.16）。したがって，現実的な政策決定において，その具体的な執行や解釈は，ほとんどが専門的な行政官僚によって行われている。実際，わが国のみならず今日の主要先進諸国では，政策決定の大部分が議会によってではなく，政府官僚の裁量によって行われていることが一般的となっている。流通に関する政策決定過程においても，官僚ないし行政官僚が極めて大きな影響力を発揮しているのである（鈴木 2002, pp.14-15）。その意味では，官僚（行政官僚）が現実の政策形成に最も規定的な影響を与える実質的な**政策主体（アクター）**といえよう。

（3）利益集団

　利益集団とは，共通の利害関係をもつ人々の集団である。この利益集団は，特に「同業者の集団」を表すことがあり，共通の職業上の立場と関心をもつ人々の集団が利益集団の典型的なものと考えられている。この利益集団が一般的な利害関係に沿って組織され団体となったものが**利益団体**と呼ばれており，わが国ではこの利益団体の組織化は非常に多く行われている。

　わが国の利益団体の多くは，日常的には政治の舞台の外で，構成員の経済的利益の擁護と増進のための業務を担っている。しかし，いったん政治的な行動や活動が要請されるときには，**圧力団体**[1]として機能するのである。そこに，日本型圧力団体の現実的な意味合いがあるといえよう（正村 1979, pp.91-98）。

　現代の社会は，自由な活動と参加が政治・経済のなかに組み込まれた民主主義体制であるかぎり，利益集団の利害関係に関わる経済的・政治的行動を保障するシステムとなっている。そのために，利益集団は，社会経済の変化や社会集団の利益を政府（国家）へ伝達し，他方では政府の意思や情報を社会に反映させ統制していくという，いわば社会過程と政治過程を結び付ける役割をはたしている（辻中 1988, p.4）。したがって，理念はともあれ，現実には流通政策それ自体が利益集団（圧力団体）の意思を反映したものになっている。

　利益集団は，自己の私的な利益を増進しようと政治的資源を用いて，自己に

有利になるように政府に対して働きかける。そして、このような利益集団相互の駆け引きを通じて政策が決定されていく。さらにいえば、利益集団が自己に有利な政策の実現をめざして圧力をかけ、政治家が得票や献金の増大を期待してそれに応え、官僚が情報収集ないし権限拡大をめざして対処するなど、これらの相互作用として政策が形成されていくのである。

ともあれ、利益集団は、単に社会過程のレベルで相互に働きかけたりあるいは事業者団体を組織して社会的に影響力を発揮するだけではなく、情報交換や政治献金、選挙での票田などを交換材料として直接に影響力を発揮し、日々の政策形成において具体的な提案や反対意見を提示することによって自らの利益を実現しようとするのである（辻中 1988, p.14）。

3. 政策形成の動機

現代の社会における公共政策は、各種の利益集団（圧力団体）が自分たちの利益を増進しようと政治的資源を用いて、自己に有利になるように政府（政治家や官僚）に働きかけるという利益集団相互の駆け引きを通じて決定されていく。その意味で、政策形成過程は、各種利益集団の調整過程ないし均衡過程として把握される。この場合の利益とは、富や権力、名声や自己擁護といった私的利益ないし自己利益のことを指している。たとえば、利益集団である企業や団体にとっての利潤追求や団体擁護、政治家にとっての再選や党内競争での勝利、官僚にとっての出世や天下りポストや組織拡大などがあげられる。したがって、政策形成過程は、利益集団が自己に有利な政策の実現を目指して圧力をかけ、政治家が得票や献金の増大を期待してそれに応え、官僚が情報収集ないし権限拡大を目指して政策形成を進める、という各政策主体（アクター）の行動の連鎖として捉えられる。

このように政策形成過程には、利益が中心的な動機として作用している。なお、利益には私的利益と公共の利益が考えられる。政府としての政治家や官僚は、公共の利益を実現することを自己の責務と認識して活動する。この場合、公共の利益の実現手段を具体的に提示するものが**政策理念（アイデア）**である。

したがって，政治においては，公共の利益だけでなく，政策理念自体のもつ影響力も極めて大きい。

なお，政府の活動といっても，単一の政策主体が意思決定を行うわけでなく，省庁（行政官僚）間の対立，政党間の対立，行政官僚と政党の対立などにみられるように，公的政策主体も多元的なものになっている。したがって，公共政策はこれらの政策主体間の利益と政策理念の実現をめぐる相互作用として形成されるのである（内山 1998, pp.41-44）。その意味では，利益と政策理念が政策形成の基本動機となっているといえよう。

第3節　流通政策の目標と評価基準

1. 経済政策としての流通政策の目標

流通政策が経済政策の部分領域であるかぎり，流通政策の目標は経済政策の目標[2]と整合しなければならない。アロー（K.J.Arrow）は，経済政策の目標として経済安定，**資源配分の効率化**および分配の公正の3つをあげている（アロー 1977, p.160）。

今日の経済政策は，現実的には極めて複雑多岐にわたる政策目標を達成する課題を担っているが，それらは必ずしも同等のウエイトをもつだけでなく，**トレード・オフ**の関係も存在している。流通政策が経済政策の部分領域であるかぎり，流通政策の目標は経済政策の目標と整合的でなければならない。したがって，流通政策においても経済政策の諸目標のうち，資源配分の効率化および分配の公平ないし公正といった政策目標ないし政策課題が重要視されなければならない。

一般に，効率の達成と公平・公正な分配の実現という目標間にはトレード・オフ関係にあるが，それにもかかわらず効率を高めることは，公平な分配を達成するための前提として極めて重要である。いうまでもなく，資源配分の効率を高めるためには，競争的市場の存在が前提条件となっているし，同時にまた競争的市場は結果的に公正な分配をもたらす。たとえば，流通部門での競争促

進による流通機構の効率化によって，流通費用の引下げによる**消費者利益**がもたらされるであろうし，また流通部門での競争効果によって流通担当者間での公正な資源配分が実現されるであろう。

したがって，市場競争を維持・促進することにより，独占的な種々の特権や競争制限的な既得権を否認し参入障壁を除去することは，資源配分の効率を高めるためにも，また分配の公正を達成するためにも極めて重要である。要するに，市場における競争は，資源配分の効率化ならびに公正な分配を実現する有効な条件なのである。流通政策の目標もまた，基本的には，市場競争のもつこのような役割を肯定し，競争条件の維持・確保をめざすものでなければならない（鈴木 1998, pp.12-13, 岩永 2009, pp.19-21）。

2. 流通政策固有の目標

流通政策は経済政策の部分領域であるが，流通政策に固有の政策目標も存在している。それは，流通領域によって遂行される**流通活動の社会的経済性**を実現することである。そのためには，第1に需要に適合した供給のための最適な流通機能の遂行を確保することであり，第2に流通活動の合理化を実現することである。その条件を実現するためには，第3に経済政策目標としての市場競争秩序が確保されなければならない。要するに，流通政策においては，商品の最適な需給調整，流通活動の合理化，流通部門における競争秩序の確保といった目標が基本となる（岩永 2009, p.20）。

このような流通活動の社会的経済性の理念は，**社会的効率性**と**社会的有効性**という2つの目標理念に大別される。流通活動の社会的効率性の理念は，社会的な流通機能の効率化であり，流通機能の向上による社会的流通費用の節約によって消費者価格の引下げを実現することである。他方，流通活動の社会的有効性の理念は，流通部門における競争を促進することによって，商品選択機会の拡大，労働力資源の配分の効率化，安定的商品供給を実現することである。

流通政策の基本目標理念である流通活動の社会的経済性は，現実的目標として消費者優先の視点に立つものでなければならない。そのために当面の政策目

標ないし政策課題としては，第1に社会的流通機能の向上によって，流通部門の合理化ないし簡素化を図ること。第2に流通部門における競争制限性ないし閉鎖的な取引関係や取引慣行を除去することによって，消費者の商品選択の幅を拡大すること。第3に企業の価格競争回避志向を打破することによって，消費者価格を弾力的なものにするとともに高物価水準を引下げること。第4に合理化志向あるいは効率化志向を企業に定着させながら，流通部門における利害調整を図ることなどがあげられる（鈴木 1998，pp.14-16）。

3. 流通政策の目的と価値基準

　流通政策の目的は，流通政策の目標を実現するための流通の「望ましい状態」を達成することにある。流通の望ましい状態の価値基準は，生産と消費の間の懸隔を架橋するという流通活動の社会経済的機能が効率的かつ有効的に発揮されているかどうかにある。いいかえれば，流通の社会的経済性としての社会的効率性と社会的有効性といった2つの目標理念が実現されるかどうかということである。

　この望ましい流通のあり方を規定する価値基準ないし評価基準としては，社会的効率性として**流通生産性**ならびに社会的有効性として**取引便宜性，配分平等性，競争公正性**があげられる。さらに**外部経済効果**という社会的価値基準として**社会環境保全性，都市機能**などがあげられる（岩永 2009, p.21）。これらの価値基準に基づく目的は，以下の通りである（渡辺 1999, pp.76-78）。

①流通生産性――流通システムにおける一定期間の産出量，これに対応する生産資源の投入量に対する比率のことである。生産性が高まれば単位当たりの流通コストは低くなる。

②取引便宜性――売手と買手，特に生産者の販売や消費者の購買にとって便利で快適な取引ができることである。一般に必要な商品が必要な場所・時間・数量において適正な価格で売買できることである。

③配分平等性――流通システムにおける効用の増加分や価値を関係者の間に，貢献度に応じて平等・公平に配分することである。

④競争公正性——流通システムを構成している各機関間の取引において公正で自由な競争が行われるようにするとともに，そうした競争を促進することである。

⑤社会環境保全性——生産者などのマーケティング活動が消費欲求を喚起することによって大量の廃棄物を発生させたり，小売商業施設や物流センターなどの立地によって交通混雑や騒音・廃棄物を増大させることに対して，生産資源の浪費や自然環境の破壊を防止しようとする，いわば外部不経済を緩和することである。

⑥都市機能——流通業とりわけ小売業の活動は都市機能に対して外部経済や外部不経済などの影響を及ぼしている。たとえば，小売業は買い物の場だけではなく，都市の文化的行事や娯楽・にぎわい・コミュニケーションの場といった多種多様な機能で地域社会・文化に貢献するとともに，廃棄物・交通混雑・騒音などのマイナスの影響も及ぼす。そのために外部経済を促進し，外部不経済を抑制することである。

第4節 流通政策の構造体系と潮流

1. 流通政策の構造体系

　流通政策には，経済政策の部分領域として多種類の政策が存在し，流通政策はその対象・主体・目的などによって多種多様に分類することができる。そこで，流通政策を体系的に整理すると，流通政策の対象による体系化（流通機能を対象とする政策と流通機構を対象とする政策），流通政策の主体による体系化（久保村1982, p.44-53）などがあげられるが，ここでは，代表的なものとして流通政策の目的による体系化，政府介入の方法や程度（矯正すべき市場の失敗の性質）による体系化をあげておこう。

（1）流通政策の目的による体系化 (田島 1993, p.12-13)

①競争政策的介入——これは，競争の促進および競争秩序の維持を目的とする競争政策を流通部門にも適用するもの。

②流通政策的介入——これは，流通部門に対する直接介入であり，そのうち商業振興や合理化支援などの振興的・支援的介入と，新規参入規制や営業時間・営業方法規制などの規制的介入があるもの。
③産業政策的介入——これは，医薬品や酒類など，特定の商品ないし産業に対する介入が付随的に流通規制を伴うもの。
④間接的介入——これは，用地規制や消費者保護など，他の法益保護を目的にした公的介入が結果として流通部門への介入になるもの。

（2）矯正すべき市場の失敗の性質による体系化（石原 1989,p.214-216）
①統　　制——これは，政策主体が直接流通活動を掌握するものであり，基本的には競争過程に信頼がおけないときに採用される。自由な競争環境が成熟していなかった，失敗すべき市場そのものが存在していなかった戦前は，この統制型の介入がみられたが，現在では大きく後退している。これには，全面統制（**食糧管理法**）や部分統制（**中央卸売市場法・公設小売市場法など**）がみられる。
②禁　　止——これは，競争過程への信頼を典型的に示すものであり，市場において望ましい競争秩序を維持するために，それを阻害するような行動を特定して禁止する，いわば競争ルールを設定するものである。これには包括禁止（**独占禁止法**）と特定禁止（不公正な取引方法の特殊指定など）がある。
③振　　興——これは，競争主体の環境変化への適応を促進し援助するものであり，市場の失敗としての適応時間を短縮することである。さらにいえば，競争主体とりわけ中小商業の競争力を強化し，その経営能力ないし効率を向上させ，絶えざる競争構造の変化に対する適応能力を増大させることを目的とするものである。これには個店振興（診断・融資など）と集団振興（商店街振興・地域商業近代化・融資など）があり，この関連法としては**中小小売商業振興法**があげられる。
④調　　整——これは，振興政策をもってしてもなお必要な古い資源の適応時間を受け入れるべき市場の失敗とみなして，新しい資源の導入を調整する

ものであり，商業組織全体の環境適応を自由な競争で実現するであろうよりも，時間的にペースダウンさせようとするものである。さらにいえば，流通部門における競争過程で経済の格差や規模の格差が発生したとき，発展のより早い経済主体に制限を加え，その速度を抑制的に調整することにより，流通システムの均衡的発展を図るものである。これには百貨店法，大店法，商調法がみられる。また事業許可（商品の特性から競争主体を制限するもの）として，薬事法，揮発油法などがこれに該当する。

2. 流通政策の潮流

　流通政策は，市場の失敗を矯正するために政府による流通部門への介入として捉えられているが，現実には市場の失敗が存在するように政府の失敗も存在している。その理由として，第1に市場の失敗の受け入れ方や程度の判断基準についていまだに明確な認識が得られていない。第2に政策目標がトレード・オフの関係をもつこともあり，矛盾することが避けられない。第3に政策手段はしばしば「両刃の剣」であり，介入手段の有効性が問われることなどがあげられる（渦原 2002, p.31）。

　さらに，現代の混合経済体制では，政府の活動が政治経済の仕組みによって既得権化するだけでなく，政府介入がさらに政府介入を招くという制度的連関の形で政府の活動領域が拡大し，その過程でレントを生み出し**レント・シーキング**の問題が発生する。そうなってくると，流通政策においても，本来の公共の利益に奉仕しているのか，特定の利益集団に貢献しているのか，その区別が難しくなってくる。また，そのためにコストが著しく増加し，税金の浪費にもつながる（岩永 2002, p.171-172）。したがって，現実の流通政策は市場の失敗を矯正しながら政府の失敗も最小限にするように努めなければならない。

　ともあれ，流通政策の目的は，流通部門における市場の失敗を政府の公的介入によって調整し，市場における自由な競争を維持することにあるといってよい。したがって，流通政策は，あくまでも競争的市場機構を正しく補完しうる場合のみ是認されるのであって，万一，流通政策の実施によって，現実の市場

機構の資源配分機能に任せた場合よりも効果が劣っている場合には，流通政策を解除ないし緩和しなければならない（小林1984, p.157）。

　最近の経済政策あるいは流通政策の潮流は，公的介入ないし規制を緩和することによって市場における競争原理を重視し，競争による経済の活性化ならびに消費者の利益を促進する方向に動いている。したがって，最近の規制緩和の動向は，日本経済の閉塞状態から脱却するための重要な政策課題として期待が集まっている。そのかぎりにおいて流通部門における経済的規制は緩和ないし廃止することが望ましい。

3. 消費者重視の流通政策

　社会経済の最終目的は人類の福利厚生にあり，資本主義経済も**消費者利益**を最終目標としなければならない。しかし，今日の市場経済体制のもとでは，消費者の基本的な権利ないし利益ともいうべき消費者選択の自由が制約されているのが実情である。さらにいえば，現実の市場経済のもとで，最も弱い立場に置かれている経済主体こそ消費者であるといってよい。つまり，寡占メーカーのマーケティングによる価格支配と需要管理やそれを支える流通政策などによって，消費者の自由な選択という権利は著しく侵害されているのである。

　日本では市場における取引主体は，大企業であれ個人企業であれ，主として集団主義を背景とした交渉力をもっている。大企業の市場交渉力が強いことは明白であるが，系列化された小売店も集団交渉力をもっており，個人経営の零細店でも有力ブランド商品を扱うかぎり，その商品自体がメーカーの集団交渉力をもっている。これに対して，個人としての消費者は，このような交渉力を備えていない。また消費者は，売手であるメーカーや販売業者の一方的な広告宣伝や不十分な表示を受動的に受け入れ，売手の設定した価格で購買せざるをえず，決して対等な取引ではない。このような従属的な立場に置かれている消費者の権利を市場での取引関係において擁護しようとするのが，**消費者基本法**をはじめとした種々の消費者保護制度であり，また市場における企業間の公正かつ自由な競争を促進することによって消費者の利益を間接的に擁護するもの

が独占禁止法やその関連法である（磯村 1988, pp.151-152）。

　しかし，日本では，政府主導による市場ないし取引の近代化の過程において，消費者は育成措置からも保護措置からも無縁の存在として放置されてきたといえる。さらにいえば，日本政府は，市場への公的介入に際して，企業優先の政策に傾斜し消費者の権利を擁護することを最優先するという政策的視点をもたなかったのである。つまり，消費者利益が政策当局によってほとんど無視されてきたということである（鈴木 1989, p.96）。

　今後，流通政策は，バブル経済崩壊以降の経済的閉塞性からの脱却をめざすとともに，国際化への対応と消費者の利益を最優先する政策課題へと視点を向けていかなければならない（岩永 2008, pp.158-159）。

注
1) 圧力団体とは政府の決定に影響を与えることを明確に意図して圧力をかけようとして組織化された人々の集団ないし団体である（正村1979, pp.91）。
2) 経済政策の目標について代表的な経済学者ボウルディング（K. E. Boulding）は，経済的進歩，経済的安定，経済的正義，経済的自由といった4つの経済政策の目標をあげている（Boulding 1958, pp.19-20, 内田監訳 1983, pp.20-21）。

参考文献
1) K.J. アロー（1977）「成長と公平のトレード・オフ」大来佐武郎・内田忠夫編『新しい繁栄を求めて』日本経済新聞社。
2) 石原 武政（1989）「商業政策の構造」石原 武政・池尾 恭一・佐藤 善信『商業学』有斐閣。
3) 磯村 隆文（1988）『日本型市場経済』日本評論社。
4) 岩永 忠康（2002）「政策決定における利益集団」鈴木 武・夏 春玉編著『現代流通の構造・競争・行動』同文舘。
5) 岩永 忠康（2008）「流通と政府」岩永 忠康・佐々木 保幸編著『流通と消費者』慶應義塾大学出版会。
6) 岩永 忠康（2009）『現代日本の流通政策―小売商業政策の特徴と展開―』創成社。
7) 渦原 実男（2002）「流通部門と政府の役割」鈴木 武・夏 春玉編著『現代流通の構造・競争・行動』同文舘。
8) 内山 融（1998）『現代日本の国家と市場』東京大学出版会。
9) 大山 耕輔（1986）「官僚機構―大型店紛争における通産省・商工会議所の『調整』

行動―」中野 実編著『日本型政策決定の変容』東洋経済新報社。
10) 岡田 裕之（1983）「現代流通と国家」阿部 真也・鈴木 武編『現代資本主義の流通理論』大月書店。
11) 久保村 隆祐（1982）「流通政策の目的・体系・研究」久保村 隆祐・田島 義博・森 宏『流通政策』中央経済社。
12) 小林 逸太（1984）「成熟経済と新産業政策」野尻 武敏・長谷川 啓之・永安 幸正編著『転換期の経済政策』中央経済社。
13) 鈴木 武（1989）『流通政策講義案』九州流通政策研究会。
14) 鈴木 武（1998）「流通政策の概念と目標」鈴木 武・岩永 忠康編著『現代流通政策論』創成社。
15) 鈴木 武（2002）「現代流通の位置づけと特性」鈴木 武・夏 春玉編著『現代流通の構造・競争・行動』同文舘。
16) 辻中 豊（1988）『利益集団』東京大学出版会。
17) 中村 達也（1983）『市場経済の理論』日本評論社。
18) 正村 公宏（1979）「経済政策の改革と圧力団体の役割」『週刊東洋経済臨時増刊 近代経済学シリーズ No.47』No.4122。
19) 渡辺 達朗（1999）『現代流通政策―流通システムの再編成と政策展開―』中央経済社。
20) K.E.Boulding(1958), *Principles of Economic Policy*, Englewood Cliffs ,N.J（内田 忠夫監訳（1983）『経済政策の原理』東洋経済新報社）。

第2章 日本の流通政策の特徴

本章の構成
第1節 資本主義経済における国家の役割
第2節 日本の流通政策の特徴
第3節 日本の流通政策の転換

本章のポイント

現代資本主義は，国家の計画が市場経済にビルト・インされた混合経済体制として特徴づけられており，そのために経済・流通に対する国家の役割は極めて大きい。特に日本においては，国家（政府）が経済に積極的に介入しながら発展したものであり，欧米諸国とは異質の日本型流通政策が形成されている。本章では，日本の流通政策の特徴と動向についての基本的な知識について学習する。

○第1節では，資本主義経済における国家の役割について学習する。
○第2節では，日本の流通政策の特徴について学習する。
○第3節では，日本の流通政策の変化と展望を提示する。

第1節　資本主義経済における国家の役割

1. 資本主義経済における国家

　資本主義経済は，市場経済に基づく自由な経済活動を基本理念として，契約の自由，所有権の自由，人格の平等などを基本原則としながら自由な経済活動を最大限に保障する体制である。そこでは，資源配分についての意思決定が個別の私的目標を追求する経済単位によって分散的に行われ，それらの個別的意思決定が市場機構を通じて相互に調整される仕組みになっている（村上・熊谷・公文1973, p.252）。したがって，資本主義経済の特徴は，第1に，経済活動の決定が，経済を構成する基本単位である家計や企業に委ねられている。第2に，経済主体間の取引が，市場における自発的契約を通じて行われていることである。

　資本主義経済においては，市場経済に基づく自由な経済活動を基本原則とするかぎり，国家ないし政府の活動は国防・治安や公共事業などの一部の経済活動を除いて，市場経済の制度的枠組みの形成と維持に関する活動に限定されていた。その意味では，国家の活動は極めて受動的かつ消極的なものであった[1]。現実には近代資本主義を成立させた**先発資本主義国**としてのイギリスを中心に展開された18世紀の国家の経済に対する役割であった。

　他方，**後発資本主義国**としてのドイツや日本などに展開された国家の経済に対する役割がある。たとえば，日本においては**殖産興業**の旗印のもとに，国家が産業政策のもとに経済発展の推進者ないし支援者として積極的に経済活動に介入した。その場合，国家は，個別経済の自由な活動を奪うことなく，個々の産業や企業の経済活動に介入し，経済過程を望ましい方向に導くと同時に経済に対する介入が極めて直接的なものであった。

　この産業政策は，本来自由な経済活動のもとで市場機構だけでは順調な経済発展が望めないことから，国家が産業の保護・育成を通じて経済の発展を図るよう産業や市場の活動を積極的に支援ないし関わってきた。つまり，国家は産

業の保護・育成のもとに商品の生産・流通・消費に至る経済活動に直接規制・統制を加えながら，経済秩序の維持と経済の持続的・均衡的な発展を図るために積極的な**産業政策**を推進してきたのである（岩永 1993, pp.167-168）。

2. 現代資本主義経済における国家

　資本主義経済においては，自由な市場競争を通じて，資本と生産の集積・集中に基づいて寡占化が進展し，またカルテル的な協調関係が形成されるなど，市場機構の内部においてさまざまな市場競争の制限と市場支配が行われ，それによって市場の自動調整作用が十分に機能しなくなり，いわゆる**市場の失敗**が発生したのである。そのために国家（政府）は，市場の失敗を解消しながら資本主義経済の均衡的な発展を図ることを不可欠な課題として取り組まなければならなかったのである。

　したがって，現代の資本主義経済は，経済活動への国家の介入が制度化され，寡占経済と国家の政治過程が不可欠に結合した政治的かつ経済的システムとなっており，**混合経済体制**として特徴づけられ（岡田 1983, p.85），経済問題の調整機構として市場機構のみならず計画化機構をも含む混合形態をとっているのである（中村 1983, p.35）。

　このような混合経済体制が成立した背景には，国民のさまざまなニーズが競争的市場機構を通じては必ずしも充足されず，その望ましい解決のために，市場機構を越える国家の直接的介入や計画化による政府の調整作用が不可欠になってきたという事情がある（上野 1988, p.83）。また，市場機構が経済体制の全領域をカバーしえないだけでなく，寡占企業が主要産業部門において成立し，強力な価格支配力をもつようになったため，市場のもつ調整機能が著しく麻痺するなど，市場機構自体が大きく変容してきたという事情もある。つまり，経済問題の調整機構として，市場機構のみによっては調整不能な領域と問題が広く現出するに至ったということである（中村 1983, p.35）。その結果，公共部門による経済機能や市場介入の範囲が次第に拡大することになり，政府の介入・規制ないし計画化としての公共部門の活動が市場機構にビルト・インされ，

資本主義的市場機構それ自体が大きな変容を遂げるようになったのである（上野 1988, p.83）。

ともあれ，現代の資本主義経済においては，国家の経済過程への介入や干渉[2]が普遍的事象となっているだけでなく，国家の経済活動の増大が経済の成長と安定に極めて大きな役割をはたすものとして位置づけられ，そのために国家の経済活動への介入として流通政策を含む経済政策が重要な役割を演じている。したがって，現代の流通政策は，国家（政府）の公的介入・規制として，市場機構の有効性を維持しながら市場の失敗に対応するとともに，市場機構を補完する**政治的調整機構**として，現代の流通機構において重要な役割を演じているのである。

3. 日本資本主義経済における国家

わが国経済は，明治維新以降，国家権力を支柱として上から積極的に推進されて発展したものであり，経済全体が政府による規制や助成に依存するという特殊な体質をもつものとなっている（鈴木 1980, p.242）。そのために，日本政府の経済活動に対する公共政策は，諸外国に比べて広範かつ多様であり，日本の産業のなかで政府の介入・規制と関わりのない産業はほとんどないといってよい（上野 1988, p.91）。つまり，わが国経済は，明治維新以来の欧米先進諸国へのキャッチ・アップの思想と殖産興業政策の伝統を受け継いで，政府＝産業複合体の独特の集団主義的・協調的社会のなかに定着した産業政策を最大限に活用して目覚ましい発展を遂げてきたのである（上野 1988, p.130）。

戦後わが国政府が実施した基本的な経済政策は，重化学工業を中心に少数の基幹産業を保護育成するという，いわば**傾斜生産方式**に代表されるような積極的な産業政策にウエイトを置くものであった。こうしたわが国の経済政策は産業復興ないし産業合理化をめざした**生産第一主義**であり，流通・商業分野においては政府の援助も指導もないまま放置されていた（佐藤 1974, p.73-74）。ただし，流通・商業は，生産部門の合理化，中小企業の停滞などによる過剰労働力の吸収部門（森下 1994, p.179）という役割をもって，わが国の経済を支え

てきたといえよう。したがって，この流通・商業における政府の公的介入は，二次的なものとして産業政策を補完するとともに国民生活の安定化を図るといういわば社会政策的色彩が強いものであった。

さらに，日本の経済政策は，戦時中や戦後まもなく実施されたものが多く，欧米先進諸国へのキャッチ・アップのために，統制色の強い産業政策として活用されたものを原型としている（鈴木 1998, p.85）。そのために，日本の経済政策は，何よりも企業や産業を優遇し国際競争力をつける産業政策を推進してきたのである。たとえば，重化学工業に代表される戦略的産業に対してはその育成が図られ，同時に農業や流通のごとき国際的競争力の弱い産業に対しては手厚い保護が加えられるなど，先端的産業と伝統的産業に対して，個別産業政策が推進されている（田島 1992, p.171）。なお，一部の特殊商品については，流通段階のみならず生産・輸入段階をも含む産業政策的な**業種別流通政策**として実施されている。

第2節　日本の流通政策の特徴

1. 行政指導優先の保護的経過政策

わが国の流通政策の特徴は，他の経済政策領域と同様に，保護に主眼を置く**経過政策**[3]への傾斜が著しい（鈴木 1993, pp.230-231）。しかも経済・流通政策は，強力な権力体系に支えられた行政当局の策定する政策目標に従って市場経済の方向を誘導するという**行政的誘導経済**が基本的な政策理念となっている。今日，世界で最も巧妙な**誘導的市場経済**とされている日本型混合経済の特徴は，資本主義発展の当初から一貫して続いてきた日本特有のいわば伝統的な経済体質に関わるものであり，それだけに現実の経済主体の活動にさまざまなインパクトを与えている（鈴木 1992, p.209）。

第1に，有能なテクノクラートによって遂行される**行政指導**という名の政策的誘導が，すべての政策運営の基軸となっている。このことは，官僚のリーダーシップによる企業や利益集団などに対する誘導的な政策運営が公的介入の基軸

になっているところから、自己責任原則を無視した温室的な保護体制が醸成され、そのために企業や利害集団とっては、自助努力による競争効率の達成よりも、政策的保護に安易に依存するという傾向が強い（鈴木1992, p.209）。

　第2に、市場経済に対する政府介入が、広範かつ多岐にわたるばかりでなく、極めて直接的であるということである。すなわち、日本における経済計画は、政策的誘導のためのガイドラインとしての意味合いでしかなく、そのために現実の政策運営に際しては経済計画とは関わりなく、その時々の状況に応じて企業や利害集団に対する個別的な調整や保護が遂行されているにすぎない。このことは、政策運営に対する原則的立場が不明瞭であるために、現実の経済過程への直接的な公的介入が、いわば恣意的に行われることが多く、競争市場の枠組み条件の整備よりも経済過程への直接的規制という、いわゆる経過政策的志向が強くみられる（鈴木1992, p.209）。

　このような政策理念は流通政策においても貫徹している。つまり、流通政策は、他の政策領域と同様、市場経済の計画的誘導のための公的介入についての基本理念が不明瞭である。そのため現実の政策実践においては、その時々の政治的・経済的状況や各種利害集団の圧力の程度を反映した政策手段ないし規制・調整措置が講じられることが多く、したがって実施される政策の振幅が極めて大きいのである（鈴木1992, p.210）。

2. 政策手段の体系性の欠如

　わが国の流通政策については、政策手段の体系に整合的脈略が欠如していることも特徴的である。いうまでもなく、ある政策体系が政策体系として有効に成立するためには、第1に、政策手段は政策目的に適合しなければならない。第2に、ある政策目標のために選択された手段は、同時に他の政策目標を阻害してはならない。第3に、設定された諸政策目標は相互に背反してはならない（G. Weipert 1953, SS.48-59）。つまり、政策体系を構成する諸要素それ自体が、統一制ないし一貫性をもつとともに、内的に矛盾するものであってはならない。しかし、わが国では、政策主体たる行政官僚が産業別に構成され、総合

的ないし統一的に流通を管轄する組織を有してないこともあって，流通政策のみならず経済政策全体において政策整合性が欠如しているように思われる（鈴木 1993, p.232）。

　流通政策は多様な次元の複合体である。それが有効に行われるためには，流通政策体系において内的にも外的にも整合性を保持していなければならない。しかし，流通政策内部での整合性は，流通競争政策やこれを補完する流通振興政策と流通調整政策などと論理的に相互矛盾に陥る危険性をもっている。また流通政策は，産業構造・雇用・金融・交通・中小企業などに対する経済政策との整合性においても矛盾に陥ることがありうる。さらに流通政策は，本来の流通領域との関わりあいから他の経済領域・社会領域との関わりあいを深め，総合政策の視点から捉えなければならない。つまり，流通政策は社会政策や都市政策などとの学際的な整合性の問題も現実化しているのである（荒川 1989, pp.41-42）。

　日本における流通政策体系は，混合経済体制の基軸ともいうべき市場における競争秩序ないし競争法の遵守に対する政府当局の評価が相対的に低く，流通に対する政府介入の姿勢は，所轄官庁の違いによってかなり異なり，いわゆる**政策間コンフリフト**をしばしば発生させている。たとえば，公正取引委員会による流通系列化規制が，経済産業省（旧通産省）によって推進された流通の効率化の政策的措置としばしば衝突をしている。すなわち，旧通産省による**流通効率化政策**の一環として推進されてきた**流通システム化政策**が，独占禁止法による流通系列化の規制と衝突したが，結果的には，寡占メーカーによる**流通系列化**をむしろ促進するという役割を演じたことなどである（鈴木 1992, pp.210-211）。

3. 流通政策の構造体系

　わが国の流通政策は，多種多様な政策が存在し，その目的・対象・政策手段などによって多種多様な体系化が試みられている。わが国の流通政策の体系の1つのモデルとしては，市場競争の維持・促進に関わる**流通競争政策**をベース

に，それを補完する**流通振興政策**と**流通調整政策**，さらに特定の業種・商品に限定した業種別流通政策などがあげられる。そこで，このモデルにしたがって，わが国の流通政策体系を概説しておこう。

　まず，流通競争政策は，流通において市場機構が正しく機能するように方向づける政策である。現代の資本主義経済においては，寡占企業による市場支配ないし競争制限によって市場本来の競争が損なわれ，いわゆる市場の失敗として市場機構が麻痺した状態になっている。流通競争政策は，この市場機構の麻痺を政策によって競争的市場機構に回復し，資本主義経済本来の市場競争を復活させることにあり，それらの政策としては，独占禁止法やその関連法があげられる。なお，流通分野における独占禁止政策の主要な政策課題としては，流通系列化の問題，流通寡占化による**バイイング・パワー**の問題，**不公正な取引慣行**の問題などが取り扱われている。

　次に，流通振興政策は，流通において競争主体の競争力を強化し，その効率や経営能力を向上させ，競争主体の環境変化への適応を促進ないし援助し，絶えざる競争構造の変化に対して適応させようとする政策である。この流通振興政策には，第1に，流通近代化政策や流通システム化政策があげられる。これらの政策は，生産と消費に対する流通部門の環境変化に対して適応させようとする政策として高度経済成長期に推進された。第2に，商業部門内においては，大規模商業に対して中小零細商業の振興ないし活性化を図る商業振興政策があげられる。この商業振興政策は，わが国の大部分を占めている中小零細商業の近代化を図るために，個々の中小商業の合理化・近代化とともに，中小商業相互の協業化・組織化を推進する，いわば**中小商業近代化政策**として推進されている。この商業振興政策は，**中小小売商業振興法**によって制度化され支援されている。

　また，流通調整政策は，流通における急激な競争圧力を弱め，競争の速度を緩和し，市場競争そのものを円滑に推進し，競争の促進・維持を図ろうとする政策である。資本主義の競争過程は必然的に経済の格差や規模の格差を生み出すが，流通部門における競争主体間に発達速度の不均衡が生じたときに，発達

速度の早い経済主体に制限を加え，その速度を調整することによって流通システムの均衡を図ることがある。この流通調整政策には，わが国の伝統的な商業政策として百貨店や大型店を抑制的に調整する百貨店法や大店法ならびに中小小売商業相互などを調整する**小売商業調整特別措置法（商調法）**があげられる。

さらに，業種別流通政策は，国家が固有の目的をもった商品・産業に対して付随的に流通部門に介入する政策である。その場合，流通段階のみならず生産・輸入段階への介入も行われている。なお，最近この業種別流通政策は，かなり規制が緩和されつつある。①農水産物に関しては，**卸売市場法**をはじめ**食糧管理法（新食糧法），農産物価格安定法，野菜生産出荷安定法**などがあげられる。②消費者ないし生活者の安全や保護に関しては，資格制度・検定制度および基準認証制度・許認可制度に基づき特定行為を禁止したり営業活動を制限したりする政策がある。たとえば，**薬事法**に基づき薬品の有効性や安全性を確保するために販売業者に対して許可制度がとられている。また**揮発油販売業法**に基づきガソリンなどの品質の確保，使用の節減，安定供給確保のための規制がある。さらに国家財政や社会規制と関連した政策として，酒類には**酒税法**，たばこには**たばこ事業法**などがある（岩永 2008, pp.156-156，岩永 2009, pp.68-69）。

第3節　日本の流通政策の転換

1.　規制緩和

わが国の規制緩和は，1985年の**第一次行政改革審議会答申**から話題となり，1989年から1990年の**日米構造問題協議（SII）**を契機として高まり，1993年に細川政権の私的諮問機関である経済改革研究会報告（いわゆる**平岩レポート**）[4]によって実現化の方向に向かった。

規制緩和の基本的な狙いは市場原理ないし競争原理の回復である。それによって企業と市場を活性化し，消費者の選択の幅を拡大し，また外国からの商品や企業の日本市場への参入を促進して，**内外価格差**の縮小を図ったりして消費者利益を増進しようとすることにある。したがって規制緩和は，国際化への

対応や消費者利益の視点に立脚して，長期的には内外環境に対応する新しい経済システムを構築するために不可欠であると考えられる（岩永 1998, p.61）。しかし，このような規制緩和はあくまで公的規制についての問題であり，大規模・寡占企業の私的規制については極めて楽観的であり，大規模・寡占企業の市場支配に基づく私的規制についてはあまり問題になっていないのが特徴である（吉田 1994, p. 12）。

したがって，規制緩和について現在求められていることは，現実の市場構造を前提にした競争促進のための公的規制の再検討である。規制緩和はあくまでも既存の公的規制による競争阻害要因を除去することに重点を置くべきであり，単なる市場の拡大を意味するものではない。そのためには現実の市場構造を前提にしたうえで，市場の競争条件を整備することが必要になる。また独占禁止法の制度・運用を改めて競争政策の観点から規制を強化すべき側面が必要になってくる（宮坂 1995, p.18）。そこで，以下，流通政策転換の具体的方向として，流通における規制緩和，流通系列化に対する規制強化の方向をあげ，今後の流通政策の展望をみていこう。

2. 流通における規制緩和

わが国の流通業は，金融・通信・エネルギーなどの分野と並んで，伝統的に規制の強い分野であり，小売業や流通活動に関わる規制が多く存在している。小売業に関するものとしては，大店法をはじめ小売商業調整特別措置法，農業協同組合法・生活協同組合法などによる規制が存在する。また業種別小売流通に関する規制としては，米・麦に関する食糧管理法，酒類に関する酒税法，医薬品や化粧品に関する薬事法，たばこに関するたばこ事業法，ガソリンなどに関する揮発油販売業法などを根拠とする許認可などに基づく参入規制などが存在する。さらに流通活動全般に関して一定の秩序を維持するための規制としては，独占禁止法をはじめ不当表示防止法，割賦販売法などによる規制が存在する。

大店法は，1980 年代中頃を境として規制強化から一変して規制緩和の方

向へと転換した。特に，大店法の規制緩和の方向を明確に打ち出したのは，1989年6月の『90年代の流通ビジョン』からである。そこでの基本的な考え方として，原則として大店法それ自体を維持しながら，その枠内において運用適正化を図ろうとした（通商産業省商政課編1989, pp.169-182）。また，外圧として1989年から1990年にかけての日米構造問題協議では，大店法の廃止を含む3段階にわたる規制緩和プログラムの実行を国際公約するに至った。その結果，1991年5月に大店法が再改正され，1992年1月から施行された。この大店法再改正によって，出店調整期間の適正化・短縮化，出店調整の公的システムの確立，出店調整の国と地方自治体の役割分担など，大型店規制が大幅に緩和されたのである。そして，大店法の廃止に伴い1998年6月3日に**大店立地法**が公布され，2000年6月1日から施行されている。

業種別小売流通の規制緩和の1つとして酒類業界があげられ，ここ数年間で急速に構造の変化を引き起こしている。酒類販売に関わる規制緩和は，税制の抜本的改革の一環として酒税法の改正に伴って，酒類販売免許制度の見直しが行われ，1989年6月からその運用基準の緩和が実施された。その結果，酒類ディスカウントストアなどの新たな酒類小売業態が市場参入の機会を増し次第に台頭してきた。また酒類の国際化の進展が，輸入酒の価格をかなり低下させてそのシェアも相当高まった。これら一連の規制緩和を契機として，小売業者主導の流通システムが構築され，酒類流通機構の変化と価格引下げがもたらされたのである（根本1995, pp.118-148）。

3. 流通系列化に対する規制強化の方向

流通分野における規制緩和が進展する一方で，流通部門における規制強化の傾向もみられる。流通部門における競争の維持・促進を図るために独占禁止法による規制強化の一環として流通系列化[5]に対する規制強化の方向がそれである。

日本における流通系列化は，自動車，家電，医薬品，化粧品など製品差別化の進んだ消費財分野にみられる。現実に行われている流通系列化の手段として

は，**再販売価格維持契約，テリトリー制，一店一帳合制，専売店制**などといった販売業者を直接的に拘束する手段のほか，**差別的リベート制，店会制，払込制，委託販売制**などの間接的な経路支配手段があり，これらの手段を巧妙に組み合わせることによって強固な拘束体系を形成している場合が多い。いずれにせよ，これらの流通系列化の手段は，市場支配力を背景に寡占メーカーが契約を通じて販売業者の自由な取引を制限し，流通末端での価格拘束と販路確保をめざすためのものである（鈴木1992，p.213）。

流通系列化は，一方では，価格の硬直化を生み出す制度的な背景となり，他方では，他の内外企業やそれらの製品に対する**参入障壁**となって，新規参入の困難性を生み出すメカニズムとして作用している（鈴木1998，p.94）。そこには，消費者のために自由な商品選択の機会を提供し，また低価格で商品を提供するといった姿勢はみられない。

流通系列化に対する規制は，流通部門における競争政策を推進するための規制であり，日本では独占禁止法を根拠法として実施されている。しかし，わが国政府において流通系列化が重要な政策問題として認識されるようになったのは，1970年代後半の低経済成長が定着するようになり，寡占メーカーの流通支配がいっそう強化され，流通分野における競争が著しく阻害されるような事態が生ずるようになった頃からである。その後，日米構造問題協議をはじめとして政府による流通系列化規制を要求する声がこれまでになく強くなってきたという事情からもいっそう重要な政策課題として認識されるようになった（鈴木1998，p.94）。

ともあれ，独占禁止法における流通系列化の規制条項を強化して，垂直的価格拘束のためのいろいろな手段に対して厳重な規制を行うことが不可欠であろう。そのためには，独占禁止法の適用除外となっている医薬品・化粧品などの再販指定品目についても部分的な指定取り消しではなく，欧米先進諸国なみに再販指定を廃止するといった措置を講じる必要があろう（鈴木1998，pp.94-95）。

4. 流通政策の展望

　わが国経済は，資本主義経済本来の自由競争を基本原則としながらも競争原理を全面的に受け入れることなく，「発展指向型」「官民協調方式」（上野 1988, p.132）の経済政策を拠り所にして，特定の産業を保護・育成する産業政策を推進しながら著しい発展を遂げてきた。そのために，わが国の経済政策は，市場の競争秩序を維持すべき経済体制の枠組みを規定する経済秩序政策より，経済過程に直接的に介入する経過政策に重きを置いてきたのである。したがって流通政策についても，流通競争政策よりもそれを補完する流通調整政策や流通振興政策ならびに特定商品に関わる業種別流通政策に重点が置かれてきたといえよう。

　近年，わが国経済が高度化・国際化するなかで，流通システムや流通政策に対する批判が内外から高まり，いまや国際的にも国内的にも，日本の流通政策それ自体についての抜本的な転換が強く求められている。それは，従来の産業政策フォロー型の流通政策や業種別流通政策にみられた閉鎖的で競争制限的な流通政策から，消費者視点ならびに国際的視点に立脚した開放的で競争的な流通政策への改善ないし転換を意味するものである。これを実現するための措置としては，流通部門における規制緩和と独占禁止政策の強化が指向されている。その結果，酒類の酒税法などの業種別流通政策については，かなり規制が緩和されてきている。それによって開放的で競争的な流通システムが形成され，価格・サービス面での競争が活発になり消費者の利益にもつながっている。

　また流通調整政策については，大店法による店舗面積などの需給調整的視点からの経済規制に代わり，大店立地法による環境・騒音・ごみなど社会規制による調整政策へと変化した。また流通振興政策については，街づくりの視点から中小商業の強化・振興を図る方向に傾き，いわば経済的効率性に加え社会的有効性を強調した政策へと変化してきている。さらに市場の競争秩序を維持すべき流通競争政策は，流通系列化に対する規制強化にみられるように独占禁止政策の強化の方向へ向かっている。

　ともあれ，規制緩和は，市場原理や競争原理を回復することによって経済の活

性化を促し，消費者・生活者の利益を保証するとともに国際的にも調和・対応できるものとして歓迎できるであろう。しかしながら，規制緩和を推進する一方，私的独占ないし私的規制による競争制限を阻止すべく独占禁止政策の強化を図らなければならない。それとともに消費者・生活者の利益を実現するためには社会的規制をさらに強化する側面も必要であろう（岩永 2008, pp.156-158）。

注
1）このような国家観は，アダム・スミス（A.Smith）に代表される古典派経済学の夜警国家観があげられる（岩永 2009, p.13）。
2）現代の混合経済体制のもとで，国家の経済に対する機能・役割は，次の4つがあげられる。
　第1に，国家は提供者としての機能である。これは，通常，社会福祉国家の概念と関連する機能である。国家は，すべての人に最低生活水準を保障するために，社会的サービスの提供に責任を負い，経済力の自由行使から派生する弊害を和らげている。第2に，国家は規制者として機能する。国家はさまざまな管理手段を用いて，たとえば，為替管理，輸入認可管理，産業上の認可管理といった方法により，産業開発投資や輸出入の量・種類を規制する権限がある。第3に，国家は企業家として機能する。国家は半ば自主性を有する政府部局あるいは国の所有する公社という形をとって，経済の特定部門を経営している。第4に，国家は審判者として機能する。立法・行政・司法権の受託者である国家は，国家企業を含むさまざまな部門間に適用される公正の基準を作り出すものである（Friedmann 1971, 寺戸訳 1981, pp.13-14）。
3）流通経過政策とは，流通企業の行動やその成果などといった経済過程に直接的に介入することを目的として策定される政策のことであり，大型店規制などの需給調整的参入規制がこの流通経過政策に属するといってよかろう。これに対して流通秩序政策とは，個々の流通企業の活動を究極的に規制している経済体制的な枠組みとしての市場経済秩序などに関する政策であり，独占禁止政策などの競争維持政策が典型的な流通秩序政策である（鈴木 1998, p.10）。
4）経済改革研究会報告（いわゆる平岩レポート）には，「規制緩和によって，企業には新しいビジネスチャンスが与えられ，雇用も拡大し，消費者には多様な商品・サービスの選択の幅を拡げる。内外価格差の縮小にも役立つ。同時に，それは内外を通じた自由競争を促進し，我が国経済社会の透明性を高め，国際的に調和のとれたものとするであろう」とある（内橋 1995, 付録 p.5）
5）流通系列化とは，製造業者が自己の商品の販売について，販売業者の協力を確保し，その販売について自己の政策が実現できるよう販売業者を掌握し，組織化する一連の行為である（野田 1980, p.13）

参考文献

1) 荒川 祐吉 (1989)「流通政策研究の体系について」広島経済大学経済学会『経済研究論集』第12巻第1号。
2) 岩永 忠康 (1993)「流通政策の役割と体系」阿部 真也監修『現代の消費と流通』ミネルヴァ書房。
3) 岩永 忠康 (1998)「日本の公的規制と規制緩和」鈴木 武・岩永 忠康編『現代流通政策論』創成社。
4) 岩永 忠康 (2008)「流通と政府」岩永 忠康・佐々木 保幸編著『流通と消費者』慶應義塾大学出版会。
5) 岩永 忠康 (2009)『現代の流通政策―小売商業政策の特徴と展開―』創成社。
6) 上野 裕也 (1988)『競争と規制―現代の産業組織―』東洋経済新報社。
7) 岡田 裕之 (1983)「現代流通と国家」阿部 真也・鈴木 武編『現代資本主義の流通理論』大月書店。
8) 経済改革研究会 (1995)「規制緩和について (中間答申)」内橋 克人とグループ2001『規制緩和という悪夢』文藝春秋。
9) 佐藤 肇 (1974)『日本の流通機構』有斐閣。
10) 鈴木 武 (1980)「流通政策と消費者主権」橋本 勲・阿部 真也編『現代の流通経済』有斐閣。
11) 鈴木 武 (1992)「日本型流通政策の問題点と政策転換の方向」E．バッツァー・H．ラウマー・鈴木 武編『現代流通の構造・競争・政策―日本とドイツの比較―』東洋経済新報社。
12) 鈴木 武 (1993)「流通政策転換の方向」鈴木 武編『現代の流通問題―政策と課題―』東洋経済新報社。
13) 鈴木 武 (1998)「日本型市場経済システムの蹉跌」鈴木 武・岩永 忠康編『現代流通政策論』創成社。
14) 田島 義博 (1992)「日本の経済政策に占める流通政策の位置」E．バッツァー・H．ラウマー・鈴木 武編『現代流通の構造・競争・政策―日本とドイツの比較―』東洋経済新報社。
15) 通商産業省商政課編 (1989)『90年代の流通ビジョン』通商産業調査会。
16) 中村 達也 (1983)『市場経済の理論』日本評論社。
17) 根本 重之 (1995)「規制緩和時代の酒類流通」田島義博・流通経済研究所編『規制緩和―流通の改革ヴィジョン―』日本放送出版協会。
18) 野田 實編著 (1980)『流通系列化と独占禁止法―独占禁止法研究会報告―』大蔵省印刷局。
19) 宮坂 富之助 (1995)「規制緩和と消費者―総論―」経済法学会編『規制緩和と消費者』経済法学会年報第16号，有斐閣。
20) 村上 泰亮・熊谷 尚夫・公文 俊平 (1973)『経済体制』岩波書店。
21) 森下 二次也 (1994)『現代の流通機構』世界思想社。
22) 吉田 省三 (1994)「独禁政策の変化と規制改革」中小商工業研究所『中小商工業研究』

第 41 号。
23) W. Friedmann (1971),*The State and the Rule of Law in a Mixed Economy* ,(寺戸 恭平訳（1981）『現代経済と国家の役割』日本経済新聞社）。
24) G.Weipert(1953), *Werner Sombarts Gestaltidee des Wirtschaftssystems*, Gottingen.

第3章 流通政策の形成過程
―― 大店法の事例 ――

本章の構成
　第1節　大店法の成立背景
　第2節　大店法成立の政治力学
　第3節　大店法の成立過程

---本章のポイント---

　大店法は，小売部門における大型店と中小小売店の間に生起する諸矛盾ないし諸問題を解決するために，政府によって策定・遂行された小売商業調整政策に関する法律である。

　本章では，大店法の成立過程を通して日本の流通政策の形成メカニズムについての基本的な知識と考え方について学習する。
　〇第1節では，大店法成立の経済的背景について学習する。
　〇第2節では，大店法成立の政治力学について学習する。
　〇第3節では，大店法の成立過程について学習する。

第1節　大店法の成立背景

1. 流通政策の形成メカニズム

　わが国経済は，明治維新以来，国家権力をその支柱として資本主義経済の発展あるいはその寡占化が推進され，経済全体が政府による規制や助成に依存するという特殊な体質をもつものとなっている。したがって，わが国の流通部門の構造や機能もまた政府の経済政策や流通政策によって規定的な影響を受けている（鈴木 1980，p.242）。

　大店法は，小売部門における大型店と中小小売店の間に生起する諸矛盾ないし諸問題を解決するために，政府によって策定・遂行される**小売商業調整政策**に関する法律であった。さらにいえば，百貨店や総合スーパーなどの大型店を抑制的に調整（規制）することにより，わが国小売業の大部分を占めている中小小売業の事業機会を確保しながら，大型店と中小小売店との間に生じる経済的・政治的な対立ないし矛盾やあつれきを調整し緩和しようとするものであった（岩永 2009，p.117）。

　大店法における大型店と中小小売店の間に生起する政策課題が政治問題化するのは，**政策主体（アクター）**としての政治家（政党）や官僚（行政官僚）が経済環境の変化によって発生する諸矛盾ないし諸問題に対して政治問題として把握し，それらを調整し解決すべき審議事項として取り上げた場合である（大山 1986，p.54）。そして，小売部門における大店法の成立過程は，大型店と中小小売店の間に生起する諸問題に対して政策主体としての行政官僚がそれに圧力をかける政治家（政党）や**利益集団**の利害を調整する過程であり，「利益集団－政治家（政党）－官僚（行政官僚）」という3者間の行動関係ないし行動過程として理解できる。

　現代の民主主義社会では，多種多様な利益集団が自分たちの利益を増進しようと政治的資源を用いて，自己に有利になるように政府に対して働きかける。そして，このような利益集団相互の駆け引きを通じて政策が決定されていく。

その意味で，政策形成過程は，利益集団の利益に基づく各政策主体の利益をめぐる調整過程ないし均衡過程として把握される（内山 1998, p.41）。

この場合の利益とは，富や権力，名声といった私的利益ないし自己利益のことを指している。たとえば，利益集団としての企業には利潤追求，政治家には再選や党内競争での勝利，官僚には出世や天下りポストや組織拡大などがあげられる。したがって，政策形成過程は，利益集団が自己に有利な政策の実現をめざして圧力をかけ，政治家が得票や献金の増大を期待してそれに応え，官僚が情報収集ないし権限拡大をめざして政策形成を進める，という各アクターの行動の連鎖として捉えられる（内山 1998, p.42）。

以下，大店法を事例として日本の流通政策の形成過程を考察していこう。

2. 大店法成立の背景

わが国経済は，1950年代後半からの高度経済成長を通して生産の合理化に基づく生産力の飛躍的な増大ならびに消費の量的拡大によって，生産部門や消費部門が大きく変貌した。しかし，この両部門を媒介する流通部門とりわけ小売部門は，圧倒的部分を中小零細小売業が担っており，そこでは自助努力による経営合理化の意欲がほとんどみられず，しかも技術革新の導入が困難な領域でもあった。そのうえ政府による合理化志向の助成措置がほとんど講じられておらず，もっぱら**第二次百貨店法**のもとで過保護の状態に置かれていた。このような小売部門は，いまや生産部門や消費部門に対応するだけの構造や機能を有していないばかりか，経済成長にとって足かせにもなった。そのために小売部門を含む流通部門に対する合理化志向が政府当局や産業界から強く認識されるようになったのである（岩永 1998, p.127）。

このような背景のもとに，1960年代前半の**流通革命論議**を契機として，わが国の伝統的な小売商業政策は大きく方向転換した。それは，これまでの中小小売業を保護・温存するという**後向きの政策**から，これを**前向きの政策**に方向修正しなければならないという政策思想が支配的になったのである（森下 1994, p.182）。そして，その方向を受けた政策が1963年の産業構造審議会流

通部会の発足を契機として推進された一連の**流通近代化政策**であった[1]。

　このような社会経済の変化や政策志向の変化を背景として，わが国の流通機構にも大きな変化が現れた。1つは，1960年代から急速に成長しつつあった家電・自動車産業などの大規模・寡占メーカーが，**規模の利益**を追求するために徹底的な大量生産方式を採用し，しかも企業間競争で有利な地位を確保するためにも積極的な**マーケティング**を展開し，流通過程に介入してきた。その場合，既存の膨大な中小小売業を積極的に利用するという，いわば**商業の系列化**に重点を置いた流通チャネルの編成を行ったのである。さらに，もう1つには，新興大型小売業態としてのスーパーが**ロスリーダー（目玉商品）**を中心とする強力な価格訴求戦略，セルフサービス方式，広範な広告宣伝・販売促進など，積極的に革新的な経営・販売戦略を駆使し店舗の多店舗化・大規模化などを通じて急速に発展してきた。これらが中小小売業をはじめとして商業全体に大きなインパクトを与えたのである（岩永 2009, p.102）。

　とりわけ，大型スーパー（総合スーパー：GMS）等の急速な発展は小売部門における競争を激化させ，既存の中小小売業に大きな影響を与えた。その理由としては，百貨店が都心に立地し，衣料品などの**買回品**を中心とした各種商品を販売しているのに対して，大型スーパーはある程度の人口集積地域に立地し，食料品などの**最寄品**を中心とした各種商品を販売しているために，それだけ中小小売業との競合関係が強かったからである。そのうえ，大型スーパーは第二次百貨店法の規制を免れるため店舗ビルの各階ごとに別会社方式を採用して，店舗面積を基準面積未満とすることにより急速に発展し，これがいわゆる**疑似百貨店**として社会問題になったのである（通商産業省企業局編 1972, pp.78-79）。

　このような疑似百貨店の出現は，第二次百貨店法の観点から2つの問題を提起した。第1は中小小売業への問題である。つまり，スーパーが立地や品揃えなどで中小小売店と競合する側面も多く，百貨店とは比較にならないほど大きな影響を与えているのに，百貨店を規制する一方でスーパーを自由にして置くことは不合理であるという主張が中小小売業側からなされた。第2は百貨店とのバランスの問題である。つまり，百貨店が第二次百貨店法によって規制を受

けているにもかかわらず，百貨店と同規模の店舗を保有する疑似百貨店としてのスーパーを第二次百貨店法の規制から除外して置くのは，両者間の競争の基盤を異にさせるものであるいう主張が百貨店側からなされた。そこで，中小小売業側はスーパーを百貨店と同様に規制することを要求し，百貨店側はスーパーを規制の対象としつつ，これまでの規制を緩和することを要求したのである（通商産業省企業局編 1972, pp.79-81)。このような経緯をへて，1973年10月に「大規模小売店舗における小売業の事業活動の調整に関する法律」，いわゆる大店法が制定されたのである。

第2節　大店法成立の政治力学

1. 大店法成立の政策主体

　大店法の成立過程に大きな影響を与えた政策主体（アクター）は，①中小小売商団体や百貨店・大型スーパーなどの利益集団，②政治家ないし政党，③所管省庁である経済産業者（以下，旧通産省）と地元商工会議所・商工会（以下，商工会議所など）であった。これらの政策主体は，それぞれ独自の目的をもって政治力を行使するものと考えられるが，それぞれ自己の目的を達成するために，説得・宣伝・圧力・威嚇・権力などを行使しながら相互に働きかけ，交渉し，取引し，妥協することによって，自己に有利な方向に誘導するということになる。

　図3-1にみられるように，①圧力団体としての中小小売業・百貨店・大型スーパー（チェーンストア）などの各種利益集団は，各種同盟を結成し圧力団体として機能したり，他の圧力チャネルを利用したりして，政党あるいは旧通産省に働きかけ，大店法の成立に対して大きな影響力を行使した。②政党ないし政治家は，各種利益集団の代弁者として，行政官僚に圧力をかけるとともに，大店法の制定に直接関わった。③所管省庁である旧通産省と地元商工会議所などは，各種の審議会や懇談会などを通して，各種利益集団の意見を聞いて利害対立を調整したり，それらを国政に反映させたりするなど，大店法の成立・運営

42

図 3-1　大型店紛争における各アクターとその関係

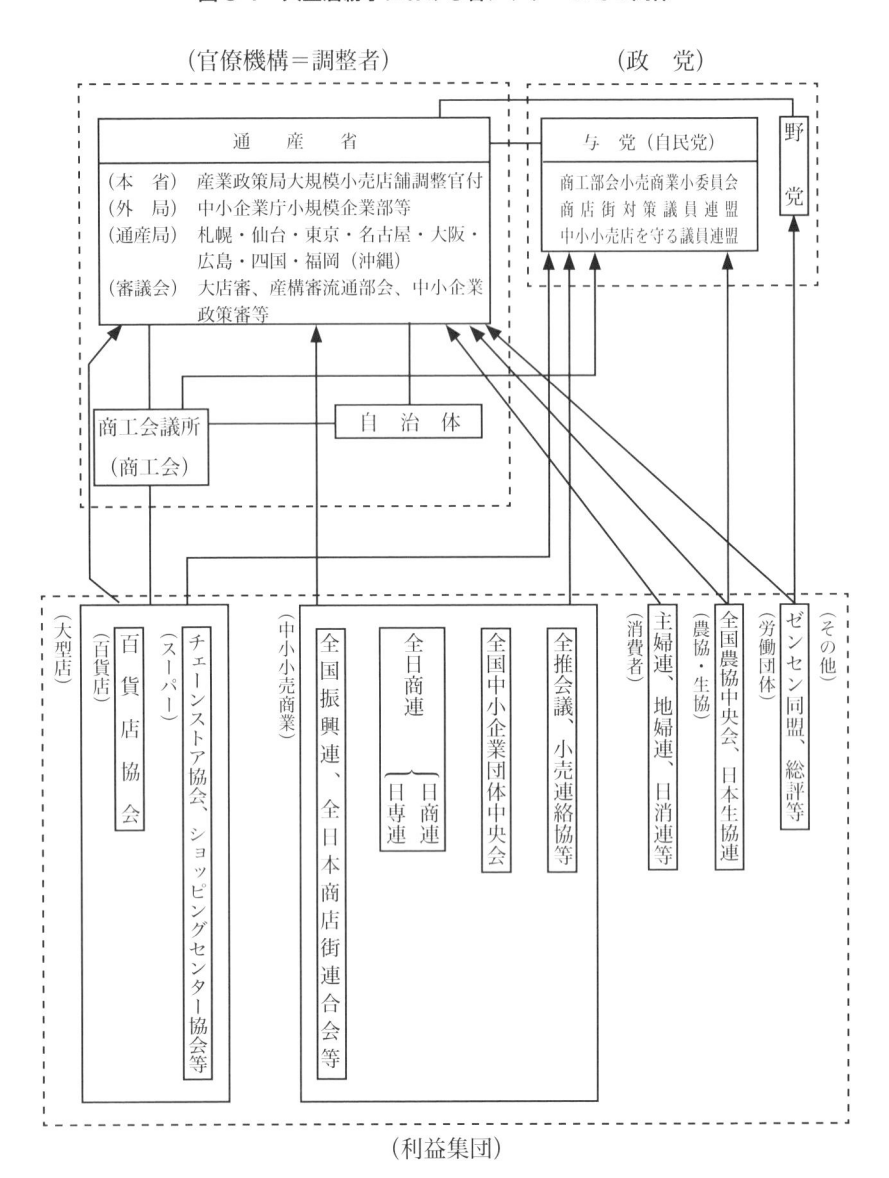

(官僚機構＝調整者)　　　　　(政　党)

通　産　省
(本　省)　産業政策局大規模小売店舗調整官付
(外　局)　中小企業庁小規模企業部等
(通産局)　札幌・仙台・東京・名古屋・大阪・
　　　　　広島・四国・福岡(沖縄)
(審議会)　大店審、産構審流通部会、中小企業
　　　　　政策審等

与　党(自民党)
商工部会小売商業小委員会
商店街対策議員連盟
中小小売店を守る議員連盟

野党

商工会議所
(商工会)

自　治　体

(大型店)
(百貨店)　百貨店協会
(スーパー)　チェーンストア協会、ショッピングセンター協会等

(中小小売商業)
全国振興連、全日本商店街連合会等
全日商連　日商連／日専連
全国中小企業団体中央会
全推会議、小売連絡協等

(消費者)
主婦連、地婦連、日消連等
農協・生協　全国農協中央会、日本生協連

(労働団体)
ゼンセン同盟、総評等

(その他)

(利益集団)

出所：大山 1986, p.56 (一部用語を変更した)。

の中枢的な役割をはたした。そこで，大店法成立の過程における各政策主体の政治的な影響力を考察してみよう。

2. 利益集団の影響力

現代の**混合経済体制**のもとでは，各種利益集団の政治的圧力行動が公共政策の形成に大きな影響を与えている。ここにいう利益集団とは，共通の利害関係をもつ人々の集団であり，その典型的なものが共通の職業上の立場と関心をもつ人々の集団つまり**事業者団体**である。これらの集団や団体は，アメリカの圧力団体のように政治的圧力活動をすることが主たる活動ではないが，政治的な紛争が発生した場合には容易に**圧力団体**として機能するものであり，それが現実に重要な意味をもっている（正村 1979, pp.91-92）[2]。

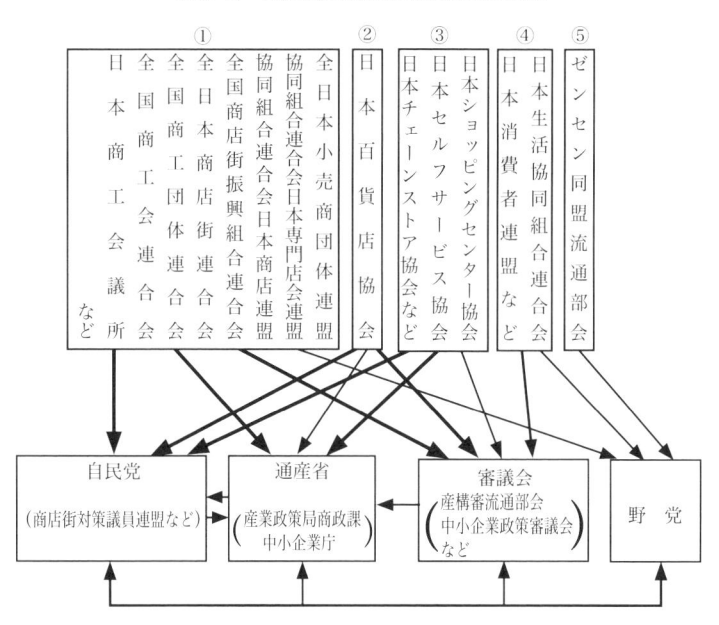

図3-2 大店法に関わる利益集団の構図

① 日本商工会議所／全国商工団体連合会／全日本商店街連盟／全国商店街振興組合連合会／協同組合連合会日本商店連盟／協同組合連合会日本専門店会連盟
② 日本小売商団体連盟
③ 日本百貨店協会
④ 日本チェーンストア協会／日本セルフサービス協会／日本ショッピングセンター協会
⑤ 日本消費者連盟／日本生活協同組合連合会　など
⑥ ゼンセン同盟流通部会

自民党（商店街対策議員連盟など）／通産省（産業政策局商政課　中小企業庁）／審議会　産構審流通部会（中小企業政策審議会）など／野党

（注）利益集団相互に上部・下部組織の重複あり，太線の矢印は主要な影響力の方向を示す。
出所：小林 1979, p.135。

図3-2に示されているように，大店法の成立に大きな影響を与えた利益集団ないし圧力団体としては，①中小小売店ないし専門店で構成される事業者団体やその上部団体（以下，中小小売商団体），②日本百貨店協会，③日本チェーン・ストア協会を中心とする新興大型小売店の事業者団体（以下，日本チェーン・ストア協会）などがあげられる。

①中小小売商団体は，商業調整政策の形成過程において絶大な影響を与えた。そのリソースは，わが国小売業の大部分[3]を占めている組織票にあった。中小小売業は，そのほとんどが商店街に存在し，商店会や商店街連合会（商連）などを結成している。その商連は，市商連→県商連→全日本商連と行政区画にしたがって**ヒエラルキー的**に組織化されている。また専門店を中心とする日本専門店会連盟や日本商店連盟などはその上部団体として政治活動を行う全日本小売商団体連盟を組織している。これら中小小売商団体は，当初自発的な集団であったが，次第に法律的に制度化されてくるものもあり，税制や金融上で有利に行動し，中小企業庁の振興・助成策を通して国や県から補助金を受けているものもある。その法体系化されたものとして**中小小売商業振興法**があげられる。このように中小小売商団体は，歴史的に古くかつ強力に組織化された組織票を背景に，政治的に絶大な影響を与えた。また中小小売業の多くは，零細な家族的小規模経営で商売をしている生業型中小小売業である。この生業型中小小売業の行動は，経営近代化を図ろうとするより，費用をかけずに現状をできるだけ維持することにあった（大山 1986, p.58）。そのために中小小売商団体は，百貨店ばかりでなく大型スーパーを含む大型店の許可制の導入と規制強化を要求したのである。

②日本百貨店協会は，1948年に設立された歴史の古い団体であり，わが国小売業の主要な問題をほとんど引き受けてきたといえる。そのリソースは歴史の古さと少数で構成されている組織の結束力の強さであった。それとともに政治資金として特定政党への献金額も多い。この百貨店協会の主張は，スーパーへの対抗という点では中小小売商団体の主張と歩調を同じくしている。大店法の制定に際しては，旧通産省から流通外資に関する意見を求められ，百貨店法

改正にはいち早く改正私案を発表し，スーパーなどの疑似百貨店を百貨店と同様に規制の対象に加えつつ，従来の許可制を届出制にして規制緩和を要求したのである（大山 1986, p.57）。

③日本チェーン・ストア協会は，1967 年に発足して次第に影響力を強化しつつあり，議員のパーティ券を引き受けるなど資金を重要なリソースとしていた。しかし，大店法の制定に際しては，歴史が新しいうえにスーパー業界での各社相互の競争が激しく，経営には強くても政治には弱かった。そのために，大店法成立の政治的影響力の行使にあたっては，他の利益集団に比べて遅れて開始したうえに，各社が個別に行うなど結束力も弱かった。この協会は，大型店の規制緩和を主張し，当初百貨店法の全廃を求めていたが，その後届出制を確保できればよいと軟化せざるをえなかった。このようにチェーン・ストア協会は，1967 年に発足した歴史の浅さとその結束力の弱さによって，大店法の成立をめぐる圧力活動に対して影響力が弱かったのである（大山 1986, p.57, 小林 1980, pp.139-140）。

3. 政府の影響力

(1) 政治家や政党

当時の政党（政府与党）の意識や行動は，基本的には中小商業の保護・育成に偏向していた（小林 1980, p.141）[4]。こうした中小小売業の保護・育成政策は中小小売経営者の生活保障という社会政策的視点からも雇用達成という経済政策的視点からも決して無視できない。たしかに，ある政党にとって中小商業の保護・育成政策はある時は社会的目標に合致し，またある時は経済的目標を達成するために実施されるものの，その本音の部分は大票田からの支持という政治的目標を達成しうる性格のものであった。このような政治家による票獲得という政治的目標は政府与党だけでなく他の政党（野党）も同様に魅力的なものである。とりわけ，現代の「多塊化」した社会では，政党の支持基盤の多様化と各利益集団の複数政党支持への分裂が特徴となっており，しかも各政党の政策メニューも類似化する傾向を示している。したがって，各政党をして熾

烈な政治競争へと導くことになり，そのためにも中小小売業を政府与党へ向けさせることが不可欠になってくる（小林 1980, pp.141-143）。もちろん，百貨店やスーパーなどの大型店による政治資金の供与にも魅力があることはいうまでもない。

（2）行政官僚

　行政官僚（旧通産省）は，わが国の産業政策の推進者として経済発展に積極的に貢献してきた。しかし，中小企業政策をめぐる政治過程には政治家の介入が強く，旧通産省の行政分野のなかでも独自の領域をなしており，政治的交換の恩顧主義的な性質という点で，本来の一般的な産業政策よりもむしろ農業政策に近いものになっていた（内山 1998, p.12）。したがって中小小売商団体の政治的影響力が強く，**大型店紛争**における利害調整を積極的に行うことは危険であり，さらに公正で合理的な利害調整がわからない以上，その行動は消極的にならざるをえなかった。

　このように旧通産省は，各地の大型店紛争を静観してできるかぎり業界内での自主的な解決を望んでいた。旧通産省は，紛争が政治問題化する場合は，できるだけ法律の制定や改正などの立法措置を避けて通達などによる**行政指導**（行政措置）によって，**審議会**などを通じて関係者の合意形成を図りながら利害調整を行うという消極的な行動をとったのである。つまり，多くの行政機関が特定の利益集団の利益を代弁するという縦割り的に編成されているのに対して，旧通産省における大型店問題の担当部署である産業政策局の大規模小売店舗調査官付は，少数の職員と少ない予算でもって大型店と中小小売店その他の諸利益を「代弁」するというより「調整」するという，いわば横割り的な機能をはたすことが期待されているところに特徴があった（大山 1986, pp.60-61）[5]。

　そこで，旧通産省の少数の職員と少ない予算による大型店紛争の利害調整は，必ず商工会議所などや**大規模小売店舗審議会（大店審）**に意見照会や諮問をしており，また大店審は必ず地元の商工会議所などに諮問していた。したがって，各地の大型店紛争の実際の利害調整は，地元の商工会議所などとそこに設置されている**商業活動調整協議会（商調協）**が行っていた。

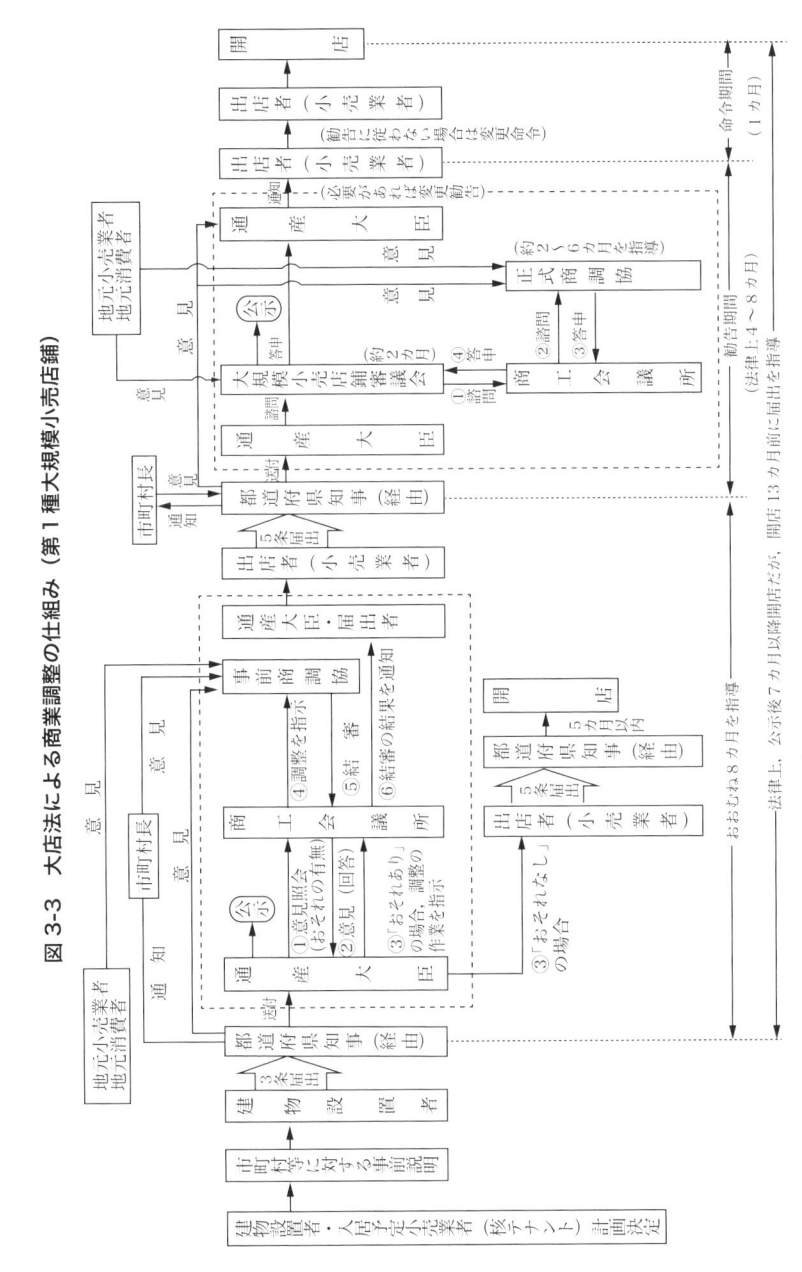

第3章 流通政策の形成過程 — 大店法の事例 — 47

図3-3 大店法による商業調整の仕組み（第1種大規模小売店舗）

原典：『商調協の手引き』（日本商工会議所，1985年），p.74。

出所：大山 1986, p.63。

図3-3にみられるように，大店法による第1種大規模小売店舗出店までの調整メカニズムを単純化すれば，「3条届出（建物設置者の届出）→5条届出（出店小売業者の届出）→勧告→命令→開店」となる。

大店法による大型店紛争の利害調整方式は**地元民主主義**と呼ばれ，地元の利害対立は地元で調整するというのが一般原則であり，そのための調整機関が商工会議所などを事務局とする商調協であった（大山1986, pp.67-68）[6]。したがって，商工会議所などは，政府と地元商業者との中間にあって，行政とは融資と情報の交換，政党（与党）とは保護政策と票の交換を媒介する役割をはたしていた。その意味では，本来の商業者の利益集団的性格から行政機関的性格を強めることによって自己の組織の維持・拡大につながっていったのである（大山1986, p.70）。

大店法による大型店紛争の利害調整においては，1978年の改正大店法（第1種大規模小売店舗と第2種大規模小売店舗に分化した利害調整）によって，いっそう地元による利害調整（第2種大規模小売店舗の都道府県知事による認可および店舗面積500㎡未満の横出し規制）が拡大・強化されたのである。

第3節　大店法の成立過程

大店法の成立過程は，各種の小売商団体からなる利益集団，各政党，旧通産省や商工会議所などの行政官僚との間の交渉・説得による利害調整活動のメカニズムとして捉えることができる。つまり，①中小小売店と大型店との紛争の発生→②法制定による規制を求める中小小売店の政治運動→③行政措置と各政党による法制定の動き→④審議会の設置と法案作成→⑤行政官僚と各政党間の対立と妥協として捉えられ，さらに⑥各利益集団による政党や行政官僚への圧力行動→⑦法案作成における政党・行政官僚との間の説得・妥協→⑧政党・行政官僚からの各利益集団への説得・調整→⑨大店法の成立（鈴木1982, p.34）というフローチャートで示される。

そこで，政党ならびに行政官僚（旧通産省）の政治的行動をみると，政党は

自己の社会的基盤となりうる利益集団の意向に重きを置く傾向がある。つまり，政府与党は票田としての中小小売商団体の圧力と政治資金供給者としての大型店団体の圧力をどのように調整するのかという政治的課題に直面する。このような状況において，政府与党は届出制を主張する旧通産省に許可制への圧力を強めていく。旧通産省は政府与党の圧力に対して届出制という建前を貫きながら実質的な許可制という修正案を提示し，政府与党は許可制を見送り旧通産省の修正案に同意した。

このような政府与党の行動は，中小小売商団体ないし大型店団体の双方に不満を残すが，最終的には説得に応じた。それは，中小小売商団体に対しては「規制強化」を勝ち取ったという形で示し，大型店団体に対しては「許可制の断念」という形で示して，両団体ともある程度の主張が受け入れられて納得したからである。また政府与党にとっては，中小小売商団体からは「票」を大型店団体からは「政治資金」を得ることができるという最も効果的な政治的行動をとったといえよう（鈴木 1982, pp.35-36）。

次に，旧通産省は，生産部門における近代化・合理化志向の産業政策を本来の政策課題としており，流通政策においても「規模の利益ないし小売業の有効競争」という流通合理化・近代化を志向した。そのために大型店の規制という政治的介入に対しては，「やっかいな問題」あるいは「特殊な問題」として対処しながらも，大店法の成立に際しては，「規制」を「調整」としたり，法条文の目的のなかにも「小売業の正常な発達」という近代化志向を貫いたのである。

こうして旧通産省の政治的行動としては，①大型店問題の表面化に際しては立法措置でなく行政指導という形の柔軟な紛争処理で対処し，②大型店規制が法的・政治的措置をとる場合には，旧通産省の政策目標の追求と政党を含む各利益集団の意見調整や駆け引きの場として審議会を設置し，それを通した形で法案作成に取り掛かった。このような旧通産省の行動は，「立法過程での役割」と「諸利害の調整の役割」を遂行することによって自らの存在意義を高めることにあった（鈴木 1982, pp.34-35）。

このように大店法成立に関わる各政策主体の行動をみると，利益集団として

は大型店出店の許可制を要求する中小小売商団体，それに反対する大型店団体との対立がみられ，それをめぐる政府としては許可制に賛成する政府与党，届出制を主張する旧通産省という政治的状況がうかがえる。

ともあれ，大店法による大型店出店の調整メカニズムは単に届け出れば開店できるといった単純な届出制とは異なっていた。それは，地元商工会議所などの事前説明や商調協のレベルと旧通産局や本省の大店審のレベルで利害を調整し，うまく調整できなければ勧告や命令が出されるという，いわば**事前審査付き届出制**と呼ばれるものであった。このかぎりなく許可制に近い「事前審査付き届出制」は，許可制導入を主張する中小小売商団体やその代理人である政府与党の多数派と，届出制でよしとする百貨店やスーパーの大型店団体と旧通産省との妥協の産物であったといえよう（大山 1986，p.65）。

さらに，大店法成立における「利益集団－政党－行政官僚」という3者間の行動関係ないし政治力学は，大型店出店に関わる利益集団が中小小売商団体と大型店団体との相反する行動（厳密には中小小売商団体，百貨店協会，チェーン・ストア協会の3つの行動）をとったことにより，行政官僚（旧通産省）＋利益集団（大型店団体）vs 政党（政府与党）＋利益集団（中小小売商団体）という図式が考えられる。したがって，それだけ政府とりわけ旧通産省による利害調整は難航したばかりか，その妥協の産物として成立した法律（条文）ないしその行政（運用）にも大きな混乱がみられたのである。

注
1）この体系化されたものが1968年の第6回中間答申『流通近代化の展望と課題』であった。この政策ビジョンは，流通部門に対する合理化・近代化を志向するものであり，その意味では，ここにはじめて経済政策の一環として商業政策ないし流通政策が登場したといえよう（通商産業省企業局編（1968）『流通近代化の展望と課題』大蔵省印刷局）
2）圧力団体とは政府の決定に影響を与えることを明確に意図して圧力をかけようとしてつくられた人々の組織（団体）された集団である。また集団は単に共通の社会的特性によって1つの集合に含めることのできる人々の総体を指す。これに対して組織ないし団体は共通の目的を追求する必要から1つの意思をもった主体として共同の行動を選択するために結合している人々の集団である（正村 1979，pp.91）。

3）大店法が制定された当時の昭和47（1972）年度の商業統計によると，商店数は約150万店，従業者数は約514万人となっている（通商産業省『商業統計表』昭和47年度）。
4）1970年代からはじまった流通近代化政策や流通システム化政策の一環として，中小商業部門の合理化により有効競争を促進することを志向していたが，その一方で中小小売業者保護の基本姿勢は一貫して続いたのである（小林1980, p.141）
5）少ない予算は各地の出店紛争の実態に関する情報収集と大規模小売店舗審議会（大店審）の経費，審査指標の開発やその普及指導員，旅費などにあてられていた（大山1986, pp.61-62）。
6）大店審が学識経験者だけで構成されているのに対し，商調協は地元の商業関係者，消費者，学識経験者の3者で構成されていた。商調協の利害調整には直接利害関係者も含まれ，利害対立が発生し意見が分かれた。そこで，学識委員だけによる小委員会が商調協における審議経過を踏まえ，意見集約して調整原案をまとめていくことが多かった（大山1986, pp.67-68）。

（参考文献）

1）岩永 忠康（1998）「小売商業調整政策」鈴木 武・岩永 忠康編著『現代流通政策論』創成社。
2）岩永 忠康（2009）『現代日本の流通政策―小売商業政策の特徴と展開―』創成社。
3）内山 融（1998）『現代日本の国家と市場』東京大学出版会。
4）大山 耕輔（1986）「官僚機構―大型店紛争における通産省・商工会議所の『調整』行動―」中野 実編著『日本型政策決定の変容』東洋経済新報社。
5）小林 逸太（1980）「商業調整政策の決定過程分析」早稲田大学社会科学研究所『社会科学討究』第25巻第2号。
6）鈴木 幾多郎（1982）「商業調整政策の形成過程と政治的メカニズム」『マーケティングジャーナル』第2巻第4号。
7）鈴木 武（1980）「流通政策と消費者主権」橋本 勲・阿部 真也編『現代の流通経済』有斐閣。
8）通商産業省企業局編（1968）『流通近代化の展望と課題』大蔵省印刷局。
9）通商産業省企業局編（1972）『流通革新下の小売商業―百貨店法改正の方向―』大蔵省印刷局。
10）正村 公宏（1979）「経済政策の改革と圧力団体の役割」東洋経済新報社『週刊東洋経済臨時増刊　近代経済学シリーズNo.47』No. 4,122。
11）森下 二次也（1994）『現代の流通機構』世界思想社。

第4章 流通競争政策

本章の構成
- 第1節　独占禁止法の概要と特徴
- 第2節　独占禁止法と流通問題
- 第3節　競争政策と消費者

本章のポイント

本章では，資本主義経済のもとで，公正かつ自由な競争秩序を維持するために行われる競争政策について，独占禁止法を中心に解説する。その際，現代流通に生じる競争上の諸問題を「流通問題」として捉え，その背景や課題について独占禁止政策との関連で説明する。

○第1節では，競争政策および独占禁止法の意義や内容について明らかにし，近年の独占禁止法改正について解説する。

○第2節では，寡占企業による流通系列化やブランド戦略，大規模小売業の優越的地位の濫用問題を取り上げ，独占禁止法との関連で説明する。

○第3節では，競争政策と消費者利益との関連について述べる。

第 1 節　独占禁止法の概要と特徴

1. 独占禁止法の意義と目的

　流通政策とは，流通部門において生み出される経済的・社会的な諸矛盾に対して，一定の利害の調整を行うための，公的な機関による政策的な介入である。小売業の出店や商業施設の開発などを直接規制する政策や法律だけでなく，競争政策などの他の政策での枠組みによっても規制が行われている。

　競争政策は，資本主義経済のもとで，公正かつ自由な競争秩序を確保することを基本的な政策目標としている。それゆえ，独占禁止法は，経済政策立法の基本として，また，経済法の中心的意義を有するものとして位置づけられる。

　資本主義的な経済構造は，生産・資本の集中を背景に，独占資本主義段階へと変化する。独占資本主義段階に達すると，自由競争と営利の追求とが相反する作用がみられるようになる。市民法の秩序は，自由な経済活動に対応する所有の自由と契約・取引の自由の原則を貫徹させる。同時に，市民法の秩序は，所有の私的性格と生産の社会性との矛盾・対立をもたらす契機をそれ自体に内在させていた。所有の自由と契約・取引の自由を背景に，競争は，生産規模の拡大，さらには企業規模の拡大をもたらすとともに，企業間に成立する力の格差は，競争を歪曲化するという側面も備えてきた。企業規模の拡大は，さまざまな企業間の結合によって，力の強化を図るという形態で発展する。また，企業間の結合は，競争を制限して力の確保を図るという性格をもち，競争制限的な力の形成としても把握されるようになった。

　上記の事態に対応して，独占禁止法は，選択の自由と平等の地位に基づく交渉力を確保する仕組みをとり，大企業や事業者の結合による市場支配を排除し，市場での競争機能を確保することによって，一般消費者の利益に合致した国民経済の民主的発展を意図している。とくに，近年，消費者利益の保護を，直接的な目的とする説も有力な主張となってきている。日本の独占禁止法（「私的独占の禁止及び公正取引の確保に関する法律」，以下，独禁法）は，「公正且つ自由な

競争を促進し，事業者の創意を発揮させ，事業活動を盛んにし，雇傭及び国民実所得の水準を高め，以って，一般消費者の利益を確保するとともに，国民経済の民主的で健全な発達を促進すること」（第1条）を目的としている。

この目的をはたすために，**私的独占・不当な取引制限**（カルテル・入札談合）・**不公正な取引方法**（共同の取引拒否，不当廉売，誇大表示・過大な景品付販売，抱合せ販売，排他条件付取引，再販売価格の拘束，優越的地位の濫用）を禁止し，事業支配力の過度の集中を防止して，結合や協定などの方法による生産，販売，価格，技術などの不当な制限その他一切の**事業活動の不当な拘束**（事業者団体の規制，企業結合の規制，独占状態の規制，その他）を排除する。

独禁法の特例法として，**景品表示法**は，過大な景品付販売や不当な表示による顧客の誘引を禁止し，公正な競争を確保することによって，一般消費者の利益を保護することを目的としている。また，独禁法と同様に，公正な競争秩序を確保する法律として，**不正競争防止法**がある。独禁法が公正取引委員会の排除命令などの行政的措置を中心としているのに対して，不正競争防止法は，差し止め請求権や損害賠償請求権などの民事的措置が中心となっている。

独禁法に違反すると，**公正取引委員会**によって，勧告，警告などの措置が採られる。また，場合によっては，刑事告発され，企業の社会的信用が失われる。違反の内容によって，措置は異なるが，通常，以下のような展開である。公正取引委員会では，違反行為を行ったものに対して，その違反行為を除くために必要な措置を排除命令という形で命じる。価格などのカルテルが行われた場合，カルテルに参加した企業や業界団体の会員に対して課徴金が課される。カルテルや私的独占，不公正な取引方法を行った企業に対して，被害者が損害賠償の請求を行える。この場合，無過失損害賠償責任のため，企業は故意，過失のないことを理由に責任を免れることができない。カルテルや私的独占等を行った企業や業界団体の役員などに対して罰則が定められる。

2. 独占禁止法改正とその背景

日本の独禁法は2005年改正をへて，2009年10月，排除型私的独占への

課徴金制度を柱にする改正独禁法が成立した。

　日本の独禁法は 1947 年にアメリカの**反トラスト法**をモデルに制定された。しかし，制定当時，日本における競争政策に対する考え方は，経済成長にとって，「競争」よりも「協調」を重要とするものであり，1977 年改正時の課徴金制度の導入などによって，競争法体系の定着が進められた。2005 年の独禁法改正の狙いとしては，①課徴金制度の変更，②犯則調査権限の導入，③罰則の一部強化，④審判手続きの変更があげられる。2009 年改正は，課徴金制度の見直しを進め，対象となる行為類型を拡大した。とりわけ，①排除型私的独占，②不当廉売，差別対価等の排除行為，③**優越的地位の濫用**に対して，違反要件を法定化し，厳しい措置をとることとなった。さらに，不当な取引制限等の罪に対する懲役刑を引き上げた。

　課徴金制度とは，入札談合などの一定の独占禁止法違反行為が行われた場合に，当該行為を行った事業者に対して，金銭的不利益を課す制度である。改正独禁法では，「社会的損失への補償」という視点を強く打ち出し，課徴金算定率を引き上げ，対象商品の売上高の 10％を原則とした。また，過去 10 年以内に違反行為をして確定した課徴金納付命令を受けたことのある事業者は，課徴金算定率を 5 割増しとした（累犯加重）。他方，公正取引委員会の調査の前に，違反行為から早期離脱した事業者に対して，課徴金算定率を低くする措置が新たに設けられた。また，課徴金算定率の引き下げと組み合わせて，課徴金減免制度が導入され，違反行為の摘発・予防のための誘引を強める制度とした。さらに，課徴金の適用範囲を見直し，価格カルテル以外の新しいタイプ（シェア・取引先を制限するカルテル，価格・数量・シェア・取引先を制限する私的独占，購入カルテル）を対象に加えた（公正取引委員会ホームページを参照）。

　また，独占禁止法違反行為に対する抑止力強化の観点から，犯則調査権限を導入し，刑事告発を積極的に行った。同時に，刑事告発案件について，許可状に基づく調査を行う手続きを適正化した。罰則規定の見直しとしては，公正取引委員会の排除措置命令に違反した場合や調査妨害を行った場合に，科される罰金が大きく引き上げられた。審判手続きの変更としては，迅速に競争秩序の

回復を図るために，従来の勧告制度を廃止して，事業者に意見申述・証拠提出の機会を与える等の事前手続きを踏んだうえで，排除措置命令や課徴金納付命令などを行うこととした。これらの行政処分に不服がある場合，審査が開始される。さらに，独禁法違反行為を未然に防ぐため，**コンプライアンス・プログラム**（法令遵守の指導綱領）の整備を進めている（公正取引委員会ホームページを参照）。

独禁法の歴史を概括すれば，規制強化と緩和の潮流が繰り返す歴史でもある。そもそも，独禁法は，経済民主化政策と深い関係にある。第二次世界大戦後の占領軍による経済民主化政策の一環として，財閥解体・経済力集中排除・私的統制団体の除去が行われた。この経済民主化政策によって実現された，新しい戦後の秩序を恒久化させることを目的に，1947年に独禁法が成立した。しかし，2年後の1949年には若干の緩和を図り，日本の独立後の1953年には内容が大幅に緩和された。

その後，第一次オイルショックによる「物価狂乱」（1973年）を受けて，1977年の改正は，課徴金の新設など規制内容を厳しくした。しかし独禁法は，日米構造協議（1989〜1991年）の影響を受けて1991年に改正され，日米包括経済協議（1993年）をへて，2005年の改正にいたり，規制緩和の推進とともに，競争政策の積極的な展開が重視されるようになった。

1977年改正時には，独占状態に対する措置に関する規定が導入された。当時は，管理価格理論に基づき，集中度の高い独占的・寡占的市場において生じる高い利益率や価格の下方硬直性などが指摘された。当時の研究の到達点が，市場構造―市場行動―市場成果を基本分析枠組みとする産業組織論からの分析で行われ，集中度支配力仮説（集中度の高い市場では資源配分や技術進歩における非効率性が生じる）に基づくものである。しかし，その後，新しい学説（たとえば，高いシェアを高い効率性の反映とするシカゴ学派や高い利潤を革新が反映したものとするオーストリア学派など）の登場によって，その潮流は大きく変化した。効率や革新によって高いシェアが獲得され，それが高い利益率に反映されるという，新しい競争戦略が議論されるようになった。また，価格競争から動態的な

非価格競争への競争の態様が多様化してきたことにより，集中度とともに，競争の程度を測る指標として価格のみならず非価格競争も含めた多様な競争の存在が注目された。また，多様な形態で競争するなかで，積極的な競争政策を構築することが必要となり，集中度に限定されない，広義の市場構造に注目した理論が有力となっている。

第2節　独占禁止法と流通問題

1. 独占禁止法と流通系列化問題

　独禁法のうえでは，寡占メーカーによる流通支配を意味する流通系列化が問題の焦点となっていた。**流通系列化**とは，一般に，製造業者が自己の製造する商品の販売について，流通業者の協力を確保し，かつその販売について自己の政策が実現されるように，流通業者を掌握し，組織化する一連の行為である。また，この行為によって自己の商品を最終消費者に到達されるまでの流通チャネルをひとつのシステムとして構築することでもある。この意味で，流通系列化は，寡占企業によるマーケティング活動の展開としての**垂直的マーケティング・システム**（Vertical Marketing System 以下，**VMS** とする）の日本的形態である。VMS は，垂直的統合によって形成されるが，その統合度や形態によって，企業型 VMS，管理型 VMS，契約型 VMS に分類される。従来，日本の流通系列化はこのうちの，管理型 VMS と契約型 VMS に相当するものとして理解されてきた。

　日本における流通系列化は，1950年代頃に本格化したとされる。当時の日本では，消費財産業における大量生産体制を支えるため，寡占メーカーにとって，マーケティング戦略の一環としてのマーケティング・チャネル政策の展開は不可欠な課題であった。それゆえ，1950年代後半からから60年代にかけて寡占メーカー主導の流通チャネルづくりが精力的に繰り広げられ，自動車，家電，化粧品などの分野はその典型とされる。各種の政府報告書からうかがえる認識をみれば，通常，欧米と比較して，日本の VMS は非常に強固なもので，

流通システムの競争的再編を排除するものであった。

たとえば，1956年の「日本石油事件」，1968年「育児用粉ミルク事件」，1971年「松下電器産業事件」，1975年「第二次育児用粉ミルク事件」，1984年「石油価格カルテル事件」，1985年「花王化粧品販売事件」など多くの事例で，**ヤミ再販**や価格カルテルなどの違反行為として，独占禁止法上の問題となった。

VMSとしての流通系列化は，当時の企業にとって市場条件への適切かつ合理的な対応であり，それは企業の経営努力の一環であるとの認識が存在している。しかし，企業の経営的効率性・合理性の観点から，流通系列化が有利であることが論証されたとしても，それをもって社会的観点から流通系列化が効率的・合理的であるとはいえない。流通業者とのかかわりから，流通系列化のデメリットとしては，①流通業者間の競争制限によって，価格が硬直化し，高水準の価格維持や価格の引き上げが容易となること，②新規参入業者の販路確保や下位の業者の販路拡張などにおける制約となり，新規参入の障壁となること，③製品差別化が強化され，販売促進費が過大となること，④メーカーと流通業者との間に，支配・従属関係を発生・強化させ，メーカーによる優越的地位の濫用行為を誘発すること，⑤流通業者の自立性が失われ，流通業者の経営合理化を阻害すること，⑥流通業者の自己革新による新たな販売方式や新しい流通チャネルの構築が妨げられることの6点が指摘されている。

また，流通系列化は，メーカーと流通業者との間の「支配・従属関係」という側面だけでなく，「利益共同体」としての側面も有しており，「消費者の利益」と鋭く対立する。「消費者利益」の観点から，①特定のブランドの価格が硬直化し，高水準の価格が維持されること，②超過利潤が系列内部に留保され，消費者に還元されないこと，③新規参入の阻害により，提供される商品の種類が少なくなり，選択の幅が狭まること，④適正な情報の収集や商品選択の機会が損なわれることの4点が問題としてあげられる。

とりわけ，競争政策上，問題となるのは，主として不公正な取引方法や公正競争阻害性との関係において，**排他条件付取引**，再販売価格の拘束，拘束条件付取引，優越的地位の濫用などである。これらは，日米構造協議以前から，指

摘されていた問題でもあった。1991年の「流通・取引慣行に関する独占禁止法上の指針（以下，**独禁法ガイドライン**）」は，独占禁止法の運用基準を明確化ないしは強化することを通じて，日本における流通や取引慣行の閉鎖性・排他性を排除し，市場における競争メカニズムの機能を十全なものとすることを目的とする，競争促進政策の発動として位置づけられる。したがって，これまで寡占メーカーが行ってきた価格の維持・安定化や流通業者の活動の制限につながる行為が厳しく規制され，ブランド内競争を含めた価格競争の促進が図られる。その一方で，流通業者にとっては交渉力や対抗力を強化する方向に作用する。また，情報ネットワークの形成によって，流通業者は情報的優位性を獲得し，メーカーにとって，ますます統制困難な存在となる。同時に，大規模小売業の今日的な発展によって，寡占メーカーであっても，大規模小売業がもつ巨大な購買力に基づく交渉力の攻勢・圧力を受けるようになった。

　先述の2005年改正独禁法は，既存の措置体系の見直しと独占・寡占規制の見直しを大きな柱としている。公正取引委員会の権限や独占禁止法の違反行為を繰り返す企業に対する罰則を強化した点で評価される。その一方で，規制緩和とデフレ経済化が進行する今日の状況のもとで，中小企業にとって問題視されるべき不当廉売や優越的地位の濫用などの競争実態を直視した不公正な取引方法の実効ある抑止に関する検討が十分なのか，疑問視されている。

　さらに，今日の流通問題と独占禁止法の枠組みによる対応のあり方を，流通論の視点から検討する場合，流通における力関係の変化の問題，いいかえれば，生産者主導型流通システムから大規模小売業主導型流通システムへの転換の問題を反映している点を看過してはならない。また同様に，情報とブランドの影響力も考える視点が重要である。

2. ブランドによる市場支配

　今日，**ブランド**が企業経営や競争に与える影響が重要な問題となってきている。1980年代以降，欧米において，ブランドを目的とした合併・買収が活発化してきた。これは，企業戦略上，強力なブランドを構築すること，あるいは

ブランドを取得することが，長期的利益の獲得に有利と判断されたためである。

　国内市場の成熟化や情報社会の進展によって，企業戦略が大きく転換した。消費者の嗜好が多様化し，広範囲の消費者を対象とし，大量生産および価格競争によるシェア拡大を目指すマス・マーケティングが行き詰まった。今後，商品・サービスをより差別化することを通じて，特定の消費者の嗜好に合わせた商品・サービスを提供し，利益を確保する必要が出てきた。また，革新的な市場を開拓した場合でも，ブランドを付与することによって的確に商品の品質に関する情報を消費者に提供できる。同時に，当該市場における先駆者としての地位を新規参入者から防衛する必要からも，ブランド構築戦略が追求されてきた。さらに，競争のグローバル化により，世界的なブランドとの競争や世界市場で競争するためのブランドの構築が重要になってきたことなどが理由としてあげられる。

　そのうえ，小売業の大規模化や寡占化に代表されるように，流通業者のパワーが強くなり，流通業者の巨大な購買力に基づく交渉力に対抗する必要上も，メーカーによる有力ブランドの買収を活発化させてきた。また，企業間で連携する場合でも，強い企業ブランドや製品ブランドを所有することが，提携先企業との事業において，自社の優位性を維持する基盤ともなった。

　競争政策上も，①ブランド力による価格支配力および参入障壁の強化，②ブランド集中による弊害，③ブランド力を背景とした不公正取引が問題とされている。ここでは，公正取引委員会『ブランド力と競争政策に関する実態調査（2002年6月）』を通じて，問題を概括する。

　ブランドなどによって**製品差別化**が行われている市場では，競争者によって製造される製品は完全な代替品とはならない。そのため，ある企業が単独でその製品の価格を引き上げたとしても，当該ブランドに対するロイヤリティ（忠誠心）を有する消費者は，他の商品に乗り換えずに当該商品を購入し続ける。つまり，価格を競争的な水準から引き上げても，すべての顧客を失うわけではない。いいかえれば，メーカーのブランド力が強く，消費者の**ブランド・ロイヤリティ**（銘柄忠誠）が高いほど，消費者は価格水準が高くてもブランド品を

継続して購入するため，ブランド品のメーカーは一定の価格支配力を有している。また，当該ブランドに対する顧客のブランド・ロイヤリティを広告宣伝等の手段を用いて強化し，ブランド力それ自体が新規参入者に対する参入障壁ともなる。日本の場合，消費者は，化粧品，食料品，飲料，自動車，バイク，医薬品，家庭電気製品などの分野において，高いブランド・ロイヤリティを有しており，特定のブランドに愛着のある消費者は，価格差に左右されない高い支持を与えている。

1980年代の欧米では既に問題にされたが，密接な代替品で，販売シェアが大きい商品を販売する企業同士が合併した場合，ブランド集積による単独の価格引き上げの効果が生じ，競争制限の一類型とされた。日本でも，自動車・バイク，時計・宝飾品，靴・バッグ・財布などの分野では，企業結合などにより，特定の企業に，代替性の高いブランドが集中する場合，競争に与える影響が大きいと考えられ，ブランド集中の弊害が懸念される。

有力ブランドをもつ事業者が当該ブランド力を背景に，川下の事業者や川上の事業者に対して，独禁法上違法とされる不公正な取引方法を行う場合も考えられる。調査によれば，小売業および卸売業者ともに，有力ブランド・メーカーの商品を取り扱うことによって販売機会の拡大などを狙い，有力ブランド商品の取引を望んでいる場合が多い。また，有力ブランドをもつ事業者が当該ブランド力を背景に，川下の事業者や川上の事業者に対して，独禁法上違法とされる不公正な取引方法を行う場合も考えられる。しかし，ブランドの影響力を背景としたメーカーからの要請については，全体として応じている企業は少ない。ただし，要請に応じた事例では，場合によって**再販売価格維持行為**や排他条件付取引として独禁法上問題となる恐れのある行為も見受けられる。

他方，メーカーや卸売業者では，商品の販売拡大が期待できること，社会的信用が得られることなどから，有力な企業ブランドを有する小売業者との取引を望んでおり，多くのメーカーで，小売業者からの協賛金の拠出や従業員派遣の要請に応じている。ブランドの分野でも，生産者主導型から大規模小売業主導型へ転換の傾向が見受けられる。

小売業者の**プライベート・ブランド商品**（以下，**PB商品**）が，メーカー・ブランド商品（**ナショナル・ブランド商品**，以下，**NB商品**）に対して，一定の競争力を有している場合，メーカーのブランド力による競争上の問題点の緩和が指摘される。日本では，PB商品を購入する消費者は，食料品，飲料，日用雑貨で70〜80％，衣料品で50％と多く，主要な購入理由としては「価格の安さ」をあげている。他方，化粧品，靴・バッグ・財布，家庭電気製品のPB商品を購入する消費者は20％程度あるいはそれ以下と非常に少なく，購入しない理由としては，「NB商品の品質の高さ」と「NB商品の支持の強さ」があげられる。全体としては，PB商品はNB商品に対する競争圧力とはなっていないのが現状である。

　PB商品の製造委託状況についても，化粧品を除いて，有名ブランド・メーカーに偏らず，それ以外のメーカーにも製造委託している。また，有名ブランド・メーカーから，とくにPB商品の企画・製造・販売が困難になるほどの妨害を受ける場合があるものの，ある程度，独立してPB商品の販売事業を行っている様子がうかがえる。販売量に占めるPB商品の割合は，食料品，飲料，衣料品の各カテゴリーで30〜50％に及ぶものの，全体的にみれば，販売数量の「10％以下」と回答するものが多く，NB商品の有力な競争相手として意識している分野（食料品，飲料，衣料品など）でも，必ずしも販売数量それ自体は多いわけではない。

3. 大規模小売業による流通支配

　PB商品の展開は，寡占メーカーによる流通支配に対する対抗力としての位置づけから，大規模小売業の発展を評価する議論のなかで位置づけられた。**対抗力**という概念は，消費市場において，売り手側が寡占状態にあって，強い市場支配力を発揮している場合，それを抑制し，相殺する力が買い手側から出現し，その力の均衡が，市場における競争にかわって，資本主義経済において重要な意味を有しているとする。とりわけ，大規模なチェーンストア組織を基軸として確立した大規模小売業主導型流通システムが，他のシステムとの間での

「システム間競争」を展開し，対立と協調と繰り返しながら，流通システム全体としての効率性と有効性を達成する必要があるとされている。また，後方統合による主導権の確立も重要である。大規模小売業は，確立されたチェーンストア組織による販売力の拡大を基軸に，その指導力を発揮し，生産段階への後方統合を実現することにより，PB 商品の開発を行い，価格をコントロールする機能を掌握し，低価格訴求を実現する。こうしてチェーンストア組織の確立によって，小売業は，企業としての発展および産業的発展の基盤を確立する。

チェーンストア組織の確立は，**チェーンストア・マネジメント・システム**の原理と方法の導入によって，小売業の大規模化にとって制約条件である消費の分散性を克服し，経営規模の大規模化を実現するイノベーションである。

伝統的な小売業は，消費の小規模性・分散性の制約から，経営的にも小規模・零細なままにとどまる傾向が強い。それゆえ，経営組織としての機能別の分業が未発達であり，管理活動と執行活動との専門分化が低い水準のままの状態である。これに対して，チェーンストア・マネジメント・システムの確立は，販売店舗網の地理的拡大および取扱商品の拡大をよりいっそう進め，小売業の大規模化・集中化の実現のための経営的基盤をつくりあげる。同時に，大量販売・大量仕入を基礎に，計画仕入・計画生産を可能にする，合理的な生産・流通システムを打ち立てることによって，小売業が生産に対して積極的・能動的な役割をはたすことができる。

その結果，大規模小売業による流通支配である**「優越的地位の濫用」**問題が生じる。今日，大規模小売業者も，百貨店，スーパーだけでなく，コンビニエンスストア，ホームセンター，衣料・家電などの専門量販店，ドラッグストア，通信販売業などの業態が多様化するとともに，その規模も拡大している。こうした状況のもと，旧来の百貨店告示の規制対象とはならない大規模小売業者による納入取引上の問題や百貨店告示に規定されていない不当な協賛金の負担要請などの行為が納入業者から強く指摘された。旧来の百貨店告示が必ずしも流通の実態にそぐわなくなってきている。

大規模小売業者と納入業者との取引においては，しばしば，納入業者間およ

び小売業者間の公正な競争が阻害される。大規模小売業者は，自己の巨大な購買力を利用して，不当な返品や不当な協賛金の負担要請など，事前の契約とは異なる取引，あるいはあらかじめ合意した取引条件を事後的に変更させる取引が行われる。納入業者は，取引における自由かつ自主的な判断をゆがめられるとともに，あらかじめ計算できない不利益を受け，他の納入業者との関係で，競争上不利益となるなどの事態が発生する。

　また，大規模小売業による優越的地位の濫用行為は，自らの合理的な取引条件を妨げ，コスト意識に基づく合理的な経営行動に逆行する。それだけではなく，市場メカニズムに基づく公正な取引が阻害されることにより，市場の効率性が損なわれ，効率化のメリットが消費者に還元されなくなる。

　上記の大規模小売業による優越的地位の濫用行為を効果的に規制するために，百貨店告示を見直し，納入取引実態に即した取引上の不当利用を規制する新しいルールが策定された。「大規模小売業者による納入業者との取引における特定の不公正な取引方法（2005年5月13日公正取引委員会告示第11号）」がそれである。大規模小売業告示で規定する禁止行為としては，①不当な返品，②不当な値引き，③不当な委託販売取引，④特売商品の買い叩き，⑤特別注文品の受領拒否，⑥押し付け販売など，⑦納入業者の従業員などの不当使用など，⑧不当な経済上の利益の収受など，⑨要求拒否の場合の不利益な取り扱い，⑩公正取引委員会への報告に対する不利益な取り扱いがあげられる。

　また，契約型ＶＭＳによる小売業主導型流通システムの典型として，**フランチャイズ・システム**があげられる。本来，フランチャイズ・システムは，本部，加盟店双方にメリットがある仕組みである。本部（フランチャイザー）にとっては，他人の資本・人材を活用し，迅速な事業展開が可能となる。また，加盟店（フランチャイジー）にとっては，本部が提供するノウハウ，ブランドなどを活用して，独立・開業が可能になる。今日，フランチャイズ・システムは，小売業や外食産業のみならず，各種のサービス業など広範な分野においても活用されてきている。他方，フランチャイズ・システムの普及と発展にともなって，本部と加盟者との取引において様々な問題が発生してきている。

これらの問題に対して，公正取引委員会は，「フランチャイズ・システムに関する独占禁止法上の考え方について（2002年4月24日公正取引委員会）」を策定した。この内容に基づけば，本部と加盟者は独立した事業者であり，両者間の取引関係において，独占禁止法が適用される。**フランチャイズ契約**または本部の行為が，フランチャイズ・システムによる営業を的確に実施する限度を超え，加盟者に対して正常な商習慣に照らして不当な不利益を与える場合には，優越的地位の濫用に該当する。また，加盟者を不当に拘束する場合には，抱き合わせ販売または拘束条件付取引などに該当する。今後，政策の方向性としては，紛争の事後救済制度だけでなく，未然防止策の整備，とりわけ，契約前の情報開示の徹底・促進が求められる。

　いずれにせよ，小売業主導型流通システムであっても，特定ブランドの価格の硬直化や消費者収奪，商品選択の機会へ損失などが生じた場合，「消費者の利益」とは鋭く対立する。

第3節　競争政策と消費者

　競争政策（独占禁止法）は，資本主義的な法秩序のもと，選択の自由と平等の地位に基づく交渉力を確保する仕組みをとり，市場支配を排除し，市場での競争機能を確保することによって，一般消費者の利益に合致した国民経済の民主的発展を意図している。この意味で，競争政策は，政治・経済における民主主義を維持し，国民経済全体を消費者主導型・主権型の市場メカニズムへと導く大きな可能性を有している。同時に，国民経済の重要な構成部分としての流通システムに対しても，消費者主導型・主権型のシステムとして機能させる可能性を有している。また，流通システムの構成員にとっても，より公平・公正な取引条件などを可能にする重要な基盤である。

　しかし，他方，今日の寡占市場における競争政策の限界についても正しく認識することが必要である。競争政策が強化されても，資源の適性配分，分配の公平性，国民の権利の保障などを期待することができない場合も生じる。その

場合，資源の適正配分，分配の公平などを確保するための有効な他の社会的視点から行う政策の検討が必要であろう。

　基本的には，独占禁止法の強化や公正取引委員会の組織と権限の強化が行われても，独占禁止法には一定の限界があり，独占の支配を完全に排除できないことを認識する必要がある。巨大企業が支配し，権力を握っている現代の経済社会では，独占を規制するためには，競争秩序を確保するだけでは不十分であり，また，独占禁止法による規制だけでは，独占による流通支配（流通問題）そのものを排除できるわけでもない。今日的な流通問題がこのことを表している。今後とも，消費者利益の保護の実現をめざす競争政策とあわせて，消費者の権利や要求がより反映される社会的な制度の整備が求められる。

（付記）本章は岩永 忠康・佐々木 保幸編著（2008）『流通と消費者』慶應義塾大学出版会所収の第13章「流通競争政策」（宮内拓智著）を加筆修正したものである。

(参考文献)
1) 厚谷 襄児（2005）『独占禁止法入門（第六版）』日経文庫。
2) 井上 健一（2005）『不正競争防止法の解説（三訂版）』一橋出版。
3) 岸井 大太郎・向田 直範・和田 健夫・内田 耕作・稗貫 俊文（2006）『経済法（第5版）』有斐閣。
4) 谷原 修身（2006）『独占禁止法の解説（六訂版）』一橋出版。
5) 玉木 昭久（2006）『Ｑ＆Ａ　新しい独占禁止法解説』三省堂。
6) 野尻 俊明（2006）『流通関係法（第3版）』白桃書房。
7) 村上 政博（2005）『独占禁止法』岩波新書。
8) 柳川 隆・川濱 昇（2006）『競争の戦略と政策』有斐閣。

第5章 流通調整政策

本章の構成
　第1節　大型店規制政策の転換
　第2節　流通調整政策
　第3節　わが国流通調整政策の推移
　第4節　流通調整政策と消費者利益

本章のポイント

　流通調整政策は，流通振興政策とともに流通競争政策を補完するものとして位置づけられる。それは，競争条件の調整という観点から，大資本ないし大企業からの競争圧力を緩和することによって中小商業者の事業機会を確保することを目的としたものである。本章では，大型店規制政策に代表される流通（小売商業）調整政策について，流通政策の体系において捉え，その後，第一次百貨店法にはじまるわが国大型店規制政策の変遷について概観しながら，流通調整政策の展開を具体的に学習する。

　○第1節では，大型店規制政策の転換について学ぶ。
　○第2節では，第一次百貨店法にはじまる，わが国における流通調整政策の変遷について学ぶ。
　○第3節では，流通調整政策が「放棄」されるに至ったのは何故なのかについて学ぶ。
　○第4節では，流通調整政策と消費者利益の関係について学ぶ。

第1節　大型店規制政策の転換

　高度経済成長期以降，わが国の流通政策のあり方について審議してきた**産業構造審議会**（以下では，**産構審**と呼ぶ）**流通部会**と**中小企業政策審議会**（以下では，**中政審**と呼ぶ）**流通小委員会**の合同会議の「中間答申」が発表されたのは，1997年12月24日であった[1]。

　1980年代以降に，海外とりわけ米国とのあいだで経済摩擦が激化し，1989年から翌1990年にかけて行われた**日米構造問題協議**（Structural Impediments Initiative. 以下では SII と呼ぶ）では**大規模小売店舗法**（正式名称，**大規模小売店舗における小売業の事業活動の調整に関する法律**。以下では，**大店法**と呼ぶ）の規制緩和が要求された。さらに，国内においては，内外価格差の拡大を背景に国民が「豊かさ」を実感できないでいるということが，規制緩和論者やマスメディアから主張された。このような声を利用するかたちで，米国から「豊かさ」の実現を阻害している一因として大店法が槍玉にあげられ，国内からも規制緩和を求める声が高まった（真部 1996, p.128）。内外からの「声」に強く押されるかたちで，大店法は1990年以降数次にわたって規制緩和がなされ，ついには，前述の産構審流通部会と中企審流通小委員会の合同会議の「中間答申」のなかでこれにかわる法律が提唱された。これによって，大店法は廃止に至ったのである。かわって登場したのが**大店立地法**（正式名称，**大規模小売店舗立地法**）である。環境等に一定配慮しなければならないものの同法には大店法のような調整項目が存在せず，このことは，戦前の百貨店法（戦後制定された同名の百貨店法と区別するために，戦前のそれは第一次百貨店法と呼ばれる。以下では，第一次百貨店法と呼ぶ）にはじまるわが国の大型店規制政策ないし流通（小売商業）調整政策の事実上の終焉を意味するといっても過言ではない[2]。

　もちろん，小売環境面における諸変化がそれに大きく影響したことは否めないが，この動きは急速な規制緩和の流れのなかで生じたものである。

　本章では，まず，大型店規制政策に代表される流通（小売商業）調整政策に

ついて，流通政策の体系から，次に，第一次百貨店法にはじまるわが国大型店規制政策の変遷について概観しながら，流通調整政策の展開を具体的にみてみることにしよう。

第2節　流通調整政策

1.　流通政策の目的と本質

　流通政策の概念等については，本章と関わりのある範囲で述べることにしよう。

　流通政策は経済政策の一部門として一般的に理解され，生産から消費に至る流通の機能や活動を対象に実施される公共政策であり，その目的は流通の「望ましい状態」を達成されることにあるとされる。流通の「望ましい状態」とは，生産と社会をつなぐという流通システムの社会的・経済的機能が，効率的かつ有効に発揮されているかどうかにあるのであり，流通政策の主要な価値基準は，流通の有効性および効率性である。その価値基準に基づく政策目標ないし目的としては，流通生産性の向上，競争公正性の確保，取引便宜性の向上，配分平等性の確保があげられる（渡辺 1999, pp.76-77）[3]。

　ただし，流通政策ないし小売商業政策の本質は，その歴史的必然性からみれば，「直接的に資本の利益のために道を清める側面」および資本主義「体制維持のための側面」であり（佐々木 2006, p.6），これが実際の政策に反映されているといってよく，以下でみるわが国の調整政策においても，その本質を垣間見ることができるのである。

2.　流通調整政策

　流通政策を体系的に整理する方法にはさまざまなものがあるが，ここでは，以下の議論との関連において，方法と目標ないし目的に基づく流通政策の体系についてのみ紹介するにとどめたい。

　流通政策は以下のように分類することができる。

①競争秩序の維持に関する政策，いわゆる競争政策，②流通活動の振興に関する政策，いわゆる振興政策，③流通活動の調整に関する政策，いわゆる調整政策，④流通基盤の整備に関する政策，⑤需給調整のための参入規制・営業規制，⑥公共の福祉の観点からの規制・制限，である（渡辺 1999, pp.79-81）。

このうち，③と⑤を調整型の政策と呼ぶことができるが（渡辺 1999, p.81），以下では，③の調整政策なかでも大型店規制政策に限定して議論を展開する。そして，競争政策および振興政策については，調整政策との関係について，必要なかぎりにおいて述べることにしたい。なお，競争政策および振興政策についてはそれぞれ第4章および第6章において検討がなされているので，詳細はそちらをみられたい。

調整政策は，競争条件の調整という観点から，大資本ないし大企業からの競争圧力を緩和することによって中小商業者の事業機会を確保することを目的としたものである。これは，ただ単に中小商業者の保護を目的とするのではなく，振興政策と組み合わせて実施することにより，中小商業者を健全な競争主体として育成するという目的を有しているのであり，その意味で競争政策を補完するものとして位置づけられる（渡辺 1999, p.165）。

もちろん，「調整政策は競争の展開に対して抑制的に作用する。それにもかかわらず，それは競争政策そのものを否定したり，競争政策に取って替わろうとするのではない。調整政策が保護政策と区別される最も重要な点が，ここにある。むしろ，競争の影響と速度を『適正化』することによって，競争そのものを円滑に進めることこそが，調整政策の目的」（石原 1991, p.80）なのである。

小売業における調整政策は，大規模小売店舗の出店に伴って発現する大型店問題を解決すべく，大規模な事業者の事業活動に一定の制限を設けることで中小零細な事業者の事業機会を確保しようとする政策であり，現実にわが国において展開されてきた（番場 2007, p.307）。その変遷については，次節にゆずりたい。

ここでは，第一次百貨店法にはじまるわが国**流通調整政策**の変遷に焦点をあててみていくことにしたい。

第3節　わが国流通調整政策の推移

　流通政策の分野における調整政策は，主として小売業ないし小売商業が対象となっており，その意味で流通調整政策＝小売商業調整政策とみることには異論がないように思われる。以下では，小売とりわけ大型店規制政策に限定して，わが国におけるその変遷を概観することにしたい。

1. 第一次百貨店法

　戦前唯一の大規模小売商であったといえる百貨店を規制するものとして，1937（昭和12）年に**第一次百貨店法**が制定されるに至った。これがわが国最初の調整政策であったとみてよい。

　「戦前の小売商業政策における優先的政策課題は，社会・政治問題化する中小小売商の困窮を救済することにあり，現実に講じられた諸政策は，中小小売商保護政策に傾斜した社会政策的色彩の濃いものであったといえ」（佐々木2006, p.12），第一次百貨店法もそのような性格のものであったということができる。

　ここでは，まず百貨店について簡単に述べ，百貨店法制定へと導くに至った百貨店問題についてみてみることにする。

　百貨店の歴史は1852年，アリスティッド・ブシコーによってパリに設立されたボン・マルシェに始まるといわれている[4]。

　わが国では，それからおよそ半世紀後の1904年，三越呉服店の株式会社化とその際になされたデパートメント・ストア宣言が百貨店創立の事例としてよく引き合いに出される。その後，1910年いとう呉服店（松坂屋），1919年高島屋呉服店，松屋鶴屋呉服店，白木屋呉服店，十合呉服店，1920年大丸呉服店といった，呉服店にルーツをもつ現在の都市百貨店のみならず丸井今井や山形屋，天満屋などの地方百貨店，これより少し遅れて阪急百貨店等の電鉄系百貨店が登場した（加藤2000, p.11）。

百貨店は当初，そのルーツから高級呉服店等の買回品販売を中心としていたので，当時圧倒的多数を占めた中小小売商に対する影響は比較的少なかったといってよい。ところが，1920年ごろからの不況期において，百貨店の新規参入と既存百貨店の店舗の新増設に伴う多店舗化・大型化などがすすみ，売り場面積が拡大したのみならず，取扱商品の低価格品目への拡張による大衆化路線への転換，さまざまなサービスの強化があらわれはじめた。1923年の関東大震災直後に百貨店に対して社会的に日用品の廉売が要請されることになったが，その成功が，百貨店を大衆化路線に向かわせた。この百貨店の大衆化志向は相互間の競争を激化させ，1929年のいわゆる世界恐慌以降の経済低迷のなかで，競争はさらに厳しいものとなっていった。それだけではない。百貨店の拡大および大衆化路線への転換はおのずと中小小売商との間に摩擦を生じせしめることとなり，それは次第に大きくなっていった。このころ，この両者間の摩擦・あつれきが社会問題となっていったのである（加藤2006a, pp.34-35）。

　中小小売商はこのような状況のなかで個別ないし集団的に種々なる対応をせまられることになった。しかしながら，それではらちがあかず，中小小売商の経営圧迫の要因を百貨店に求め，中小小売商問題は主として対百貨店問題として認識され，しだいに百貨店法制定へと展開していく。

　百貨店法制定の国家的意図は百貨店と中小小売商との対立を緩和し，利害調整をはかりながら，戦争遂行のための国内的統制を一段と強化しようとした点にあるといってよいが，これがまさにわが国最初の調整政策であった。

　1937年8月に可決成立し，10月1日施行された第一次百貨店法は27条から構成され，以下のような特徴をもっている（加藤2006a, pp.39-41）。

　まず第1に，百貨店を同一店舗において衣食住に関する多種類の商品販売を行う大規模小売業で，6大都市では3,000㎡以上，その他の地域では1,500㎡以上の売り場面積を有するものであると定め，同面積以上の売り場面積を有する店舗がすべて規制対象となる，いわゆる**企業・建物主義**をとっていることである。

　第2に，百貨店の開業・営業や支店・出張所等の設置あるいは売り場面積

の拡張による営業の拡大および出張販売について，いわゆる許可制が採用されたこと，ならびに閉店時刻や休業日数について規制されたことである。

　第3に，閉店時刻および休業日数を除く営業方法については，第一次百貨店法に基づいて組織された日本百貨店組合の営業統制規程によって自主的に規制されたことである。

2．第二次百貨店法

　戦後の1947年に，第一次百貨店法は廃止される。かわって同年に制定された**独占禁止法**(正式名称，**私的独占の禁止及び公正取引の確保に関する法律**。以下では，**独禁法**と呼ぶ）で，百貨店のような大規模小売商は同法によって一元的に規制されるようになった（加藤2006b，p.48）。

　そのような意味で一時的に調整政策つまり大型店規制政策の空白期であるといってよいが，これは戦後回復期の例外的な時期であるといってよい。

　第二次世界大戦において壊滅的な打撃を受けた日本経済は，1950年におこった朝鮮戦争を契機に回復し，そのようななかで百貨店も回復軌道に乗り，戦前と同様に相互間の競争が激化しただけでなく，中小小売商とのあいだにも摩擦が生じることとなった。

　不当返品や手伝い店員の強要等不公正な百貨店の取引行為に対しては，独禁法がある程度効果をあげたものの，百貨店が規模の経済性を基礎に中小商業とりわけ中小小売商に加える圧迫に対しては十分な規制効果は生まれず，それが全国的な反百貨店運動をまねき，新たな百貨店法，すなわち**第二次百貨店法**の制定へとつながっていった（加藤2006b，pp.50-51）。

　第二次百貨店法は，1956年5月に公布，同年6月に施行された。百貨店の営業を独禁法による一般的な規制のうえに独自に追加規制するこの法律は，5章24条から構成されるが，第1条の目的から，主として中小小売商を保護しようとする内容のものである（加藤2006b，pp.52-53）[5]。

　同法の特徴について，まず第1に百貨店は第2条において加工修理を含む物品販売業であり，このための店舗内に同一の店舗で売り場面積合計が東京都

特別区および政令指定都市では3,000㎡以上，その他のところでは1,500㎡以上のものであると定義し，**企業主義**をとっている点である。つまり，第二次百貨店法では百貨店のみが規制対象とされる。その意味では，第一次百貨店法に比し，規制範囲はせばめられたことになる。これが，後の**疑似百貨店問題**を生むことにつながった。

　第2に，第一次百貨店法と同様に百貨店の開業や店舗の新・増設のさいには，政府の許可が必要とされる許可制が採用された点である。これによって百貨店はある程度規制をうけることになり，中小小売商がある程度保護されることになったといえる。

　しかしながら，百貨店のみを規制対象とする第二次百貨店法が施行されたこの時期，「もう1つ」の大規模小売業態であるスーパーがまさに発展の途上にあったのである。

3.　大店法

（1）大店法の制定・施行

　流通近代化やシステム化，消費者利益の確保という視点が強調されるようになり，規制対象を百貨店のみならずスーパー等の大型店に拡張しながらも規制緩和法として位置づけられる大店法が1973年に成立し，翌年施行された（真部 1996, pp.127-128）。

　大店法の成立過程等については第3章で説明されているが，その成立については，疑似百貨店問題の存在を抜きには語れない。これについては，スーパーとの関連が非常に強い。

　スーパーは，食料品チェーン店に対抗するために1930年頃にアメリカで生まれた（加藤 2000b, p.42）[6]。低価格，高回転，セルフサービスなどを経営原則とする新しい小売形態であり，その後チェーン方式を導入することで急速に発展した。わが国には，1950年代前半に導入され（1953年東京青山の紀ノ国屋が最初とされる），1950年代後半以降発展する。その後，大型化方式を取り入れながら，多店舗方式を軸に急速に発展した（加藤 2000b, pp.42-43）。

1960年代末以降1975年にかけて，**小売資本の完全自由化**が段階的におしすすめられたが（関根 2004, p.311, p.314），スーパーの急速な店舗展開はそれを見越しての動きでもあった。

1972年にはスーパー全体の売上高が百貨店全体の売上高を凌駕しただけでなく，個別企業のレベルでも当時業界1位のダイエーが三越の売上高を上回った。文字どおり，高度経済成長期はスーパーの高度成長期でもあった。

スーパーはその経営原則ゆえに，巨大な市場規模をもつ大量需要の生活必需品を主要な標的に定めた。つまり，スーパーは百貨店ではなく，取り扱い競合度の高い一般の中小小売商を主要な競争相手とし，その営業をしだいに圧迫していった（加藤 2000b, pp.43-45）。

ところが，当初流通近代化路線をおしすすめようとしていた政府は，流通革命の主たる担い手たるスーパーを法的な規制のらち外においていたのである。しかし，スーパーが大型化・多店舗化方式をおしすすめるなかで，大型店舗を出店し営業する際に第二次百貨店法による規制を免れるため，各階ごとに系列の別会社で店舗を運営する，いわゆる疑似百貨店問題が生じた。これが大きな契機となり，百貨店法の改正論議，廃止，大店法の制定へと至るのである（加藤 2006c, pp.60-61）。

（2）大店法の特徴

大店法は，高度経済成長期の終焉とほぼ同時期の1973年10月に公布，翌1974年3月に施行され，同時に第二次百貨店法は廃止された。4章21条で構成されている大店法は，つぎのような特徴をもっている（加藤 2006c, pp.64-65）。

まず第1に，はじめて条文内で明文化された消費者利益への配慮を大義名分に，従前の百貨店法における許可制が事前審査付届出制に改められ，「事前審査付」という条件付きとはいえ規制内容が大きく緩和されたことである。この事前審査は，百貨店やスーパー等からの店舗の新・増設の届出，いわゆる**出店調整4項目**（店舗面積，開店日，閉店時刻，休業日数）に対して（旧）通産省が事前に審議会等に諮り，勧告・措置命令を行う方式であり，運用いかんでは

百貨店法のもとでのような許可制に近いものになりうる。

　第2に，大店法では，同一建物内の店舗面積が基準面積以上（東京都特別区および政令指定都市では3,000 m²以上，その他の地域では1,500 m²以上）の大規模小売店舗がすべて規制対象となったことである。つまり，**建物主義**という規制方式が採用されたのである。これは，第二次百貨店法の企業主義に比し，基準面積以上の大規模小売店舗がすべて規制対象になるという意味では，規制範囲が拡大したことを示している。

　第一次百貨店法および第二次百貨店法では，大規模小売商の利益にある程度配慮しつつも，主として中小小売商を保護するという見地から，両者間の対立が調整されたので，大規模小売商の活動がより強く規制されるという側面があらわれていたが，大店法では，そうではなく，流通近代化・合理化の推進を優先するという見地からそれに寄与する大規模小売商の展開が促進され，その利益の擁護が前面に押し出された。同時に，中小小売商にたいする基本政策は，保護政策から選別・淘汰政策へと転換したのである（加藤 2006c，p.66）。

　ところで，大店法の目的については，同法の第1条で明記されている。そこでは，「消費者の利益の保護に配慮しつつ，大規模小売店舗における小売業の事業活動を調整することにより，その周辺の中小小売業の事業活動の機会を適正に確保し，小売業の正常な発達を図り，もって国民経済の健全な発展に資すること」が目的とされている。同法の目的に関しては，多くの論者によって「消費者の利益の保護」が目的の一つと解された。しかしながら，大店法の目的は，「周辺の中小小売業の事業活動の機会を適正に確保すること」と「小売業の正常な発達」であり，「消費者の利益の保護」は配慮事項にすぎない。大店法をめぐって，その運用基準を緩和し，小売業の競争を促進しようとする見解が多々みられたが，しばしば市場メカニズムと事業の健全性の維持とはトレード・オフの関係にあるため，そうすることは法本来の目的の達成を阻害することになる。大店法の運用の実態について多くの論者から批判がなされたが，たしかに法の運用面で問題があったことは否めない。ただ，このような法目的の解釈が，後の大店法規制緩和論議を必要以上に大きくしたといっても過言ではなく，法

目的の解釈の重要性について指摘しておきたい（真部 1996, p.131）。

（3）大店法の改正と流通規制の強化

　大店法の施行後まもなくは，とりわけ大手スーパーを軸とする出店が衰えなかった。なかでも，規制基準面積を若干下回る規模での出店は衰えず，低経済成長のため市場規模が拡大しない状況では，大規模小売商と中小小売商との対立・摩擦が激しくなっていった。規制基準面積未満の店舗の出店調整については，1959 年に制定された**小売商業調整特別措置法**によってなされるはずであったが，独自に規制する地方自治体があらわれ，それが増えていった（加藤 2006d, p.70）。

　このような状況のなかで，大店法は改正されるに至る。改正大店法は 1978 年 10 月に成立し，翌 1979 年 5 月から施行されたが，改正点の特徴は次の 3 点にまとめることができる（加藤 2006d, pp.72-73）。

　第 1 に，大規模小売店舗が**第 1 種大規模小売店舗**と**第 2 種大規模小売店舗**に分けられた。前者は改正前の大店法における規制対象であり，後者は多くの地方自治体によって独自に規制されていた 500 ㎡超 1,500 ㎡（東京都特別区および政令指定都市では 3,000 ㎡）未満の中型店舗を新たに規制対象に含めたことである。つまり，規制対象が大きく拡げられたのである。

　第 2 に，第 2 種大規模小売店舗の規制・調整権限が新たに知事に与えられた等，地方自治体の規制権限が強化された。

　第 3 に，調整期間が若干延長されたことである。

　これらには，規制強化の内容が含まれているとともに，地方自治体への権限委譲が含まれている。こうして，大規模小売商と中小小売商の摩擦・あつれきを緩和しようとしたが，実際には大型店の出店攻勢が続き，両者の摩擦・あつれきはさらに拡大していったのである。

　そこで，当時の所轄官庁であった通産省は，大店法のさらなる規制強化ではなく，行政指導という形で対応する。すなわち，個別の出店規制である。これは大規模小売商にたいする出店規制方式としての企業主義にたった許可制の採用であるとともに，総量規制という新しい規制方式の導入であった（加藤

2006d, pp.74-75)。

このようなやり方は，「決して流通近代化政策の推進という高度経済成長期につくられた基本的枠組みの放棄を意味するものではなく，石油危機後の過剰出店という特殊な状況下で生じた出店許可制の導入要請に対して従来の基本的枠組み内で対応し，その要請をそらすために一時的になされたものであ」（加藤 2006d, p.75）り，バブル経済期以降には逆の流れがつくられることになる。

（4）大店法の規制緩和と SII，大店法の再改正

先にも述べたように，大店法は貿易摩擦等とのからみにおいて，国内外から批判が浴びせられた。

とりわけ 1987 年，**大規模小売店舗審議会（大店審）会長談話**「今後の大店法の運用について」の発表によって，規制緩和の流れが本格化した。その後，経済的規制は「原則自由・例外規制」の原則に基づく規制緩和政策のもとで，1989 年から翌 1990 年にかけて行われた計 5 回におよぶ SII において 3 段階の規制緩和策が約束され，およそ 4 年間をかけて実際に以下のように実施された（「財団法人流通経済研究所 40 年史」編集委員会編 2007, p.26）。

- 1990 年 5 月　大店法運用適正化措置：出店調整手続きの適正化により出店調整期間を 1 年半以内に短縮，その他を実施。
- 1991 年 5 月　大店法改正（1992 年 1 月施行）：商業活動調整協議会（商調協）の廃止等からなる新スキームにより出店調整期間を 1 年以内に短縮，その他を実施。
- 1994 年 5 月　大店法運用再見直し：500 ㎡超 1000 ㎡未満の店舗について「おそれなし届出」として原則自由化，その他を実施。

これによって，大規模小売店舗の出店はかなり自由に行われるようになり，大店法の目的の 1 つである「周辺の中小小売業の事業活動の機会を適正に確保すること」はもはや有名無実化したといってよい。図 4-1 は，第 3 段階の措置の前後の時期における大規模小売店舗の届け出件数を示しているが，ここからだけでも，大規模小売店舗の出店が容易になったことをみてとれるのである。

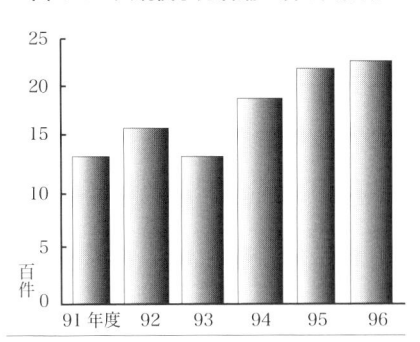

図 4-1　大規模小売店舗の届け出件数

出所：『日本経済新聞』1997 年 9 月 25 日付朝刊。

（5）大店法の廃止と調整政策の「放棄」

　先にも述べたように，1997 年 12 月 24 日，産構審流通部会と中政審流通小委員会の合同会議の「中間答申」が発表され，そのなかで大店法の廃止，すなわち流通調整政策ひいては大型店規制政策の「放棄」が謳われた。かわって，大店立地法の制定の必要性が説かれたのである。

　ここでは，わが国の小売業を巡る環境は大きく変化しているとし，大型店に関する政策転換の必要性が強調された。少し長いが引用しよう。

　「現行大店法は，その目的，手段の構成上，近年高まりつつある社会的要請に応えることを予定したシステムとなっていない。大型店については，生活利便施設として生活空間から一定の範囲内に存在する施設であるとともに，不特定多数の来客，車の利用度の高さ，物販に係る大規模な物流など他の施設とは物理的にも一線を画することが可能な施設であり，地域の人の流れや都市機能に対し劇的な影響を及ぼす潜在力を有する施設である。こうした大型店の実態に鑑みれば，大型店の出店に際しては，交通・環境問題への対応，計画的な地域づくりとの整合性の確保等の観点から，地域社会との融和を図ることが特に必要とされるものであり，大型店に係る今日的な意味での小売業の健全な発展という点からも重要である。

　近年，一部の地方自治体において，かかる大型店の地域社会への影響に着目

して，大店法手続に並行して，一定事項につき問題解決のためのルールをそれぞれ独自に定める動きが出てきており，現実の社会的問題について，的確な行政的対応を求められていることを示している。

　一方で，現行スキームにより大規模小売店舗における事業活動の調整を行うことについては，諸々の環境変化の下で，その有効性が低下し，また，革新的努力を通じて多様かつ質の高い購買機会を提供する上での制約効果にはなお無視できないものがある。こうした規制のコストと便益との比較の中で，現行大店法による規制を維持することは困難になっている。更に，現行大店法では，高まりつつある種々の社会的要請への対応ができないとの問題点がある。

　したがって，大型店に関する政策としては，大型店の立地に伴う計画的な地域づくりや交通・環境に与える諸問題を解決するため新たな実効性ある政策的対応へ転換すべきである」[7]（中間報告一部割愛）として，大店法が歴史的使命を終えたことが謳われているのである。

　産構審流通部会・中政審流通小委員会の合同委員会の審議と連動して，通産省は大店法廃止，大店立地法の制定等の方針を固め，中間答申に基づいて新法の法案づくりがすすめられ，大店法は2000年5月31日に廃止，翌6月1日に大店立地法施行の運びとなった。

　これによって，流通調整政策ひいては大型店規制政策は，わが国において事実上「放棄」されるに至ったのである。

第4節　流通調整政策と消費者利益

　2007年8月に発表された『新流通ビジョン』では，小売業の社会的責任への対応のなかで，「大型小売業のまちづくりへの貢献」が主張されている（経済産業省編 2007, pp.121-122）。大店法の第1条の条文内にみられた「周辺の中小小売業の事業活動の機会を適正に確保すること」はもはや追求されていない。

　第一次百貨店法の制定・施行以来，「小売商業調整政策の政策原理は『大規

模小売店舗における小売業の事業活動の調整』におかれていたが，2000年施行の大店立地法によって小売部面における『需給調整』方式は放棄されるようになった」（佐々木 2009b, pp.259）のである。

　流通調整政策が実質的になくなってしまった影響は，近年の中小小売商の凋落ぶりにあらわれているといっても過言ではない[8]。

　通常，流通システムが効率化されると「消費者利益」に結びつくとして，その効率化が優先されるような政策が展開されることになるが，このような状況ではそう単純に結論づけるわけにはいかない。流通調整政策をはじめとした一連の流通規制緩和の進展は，明らかに地方都市を中心とした中心市街地の空洞化の深刻化に大きく影響してきたといってよい[9]。

　もちろん，流通システム効率化が一面「消費者利益」に結びつくことは否定できないが，とりわけ大店法による規制政策においては，「消費者利益」が錦の御旗のようにふりかざされ，流通システムの効率化により貢献するであろう大規模小売店舗の出店がなされてきた（真部 1996, p.132）。ただし，このような議論のなかでは，消費者とはいったい何をさすのかということさえほとんど追究されてこなかったのである[10]。

　今日，大型店に対する出店規制がまったくなくなってしまったかというとそうでもない。1998年から2000年にかけて，大店立地法，**中心市街地活性化法**（正式名称，中心市街地における市街地の整備改善及び商業等の活性化の一体的推進に関する法律。2006年改正により，中心市街地の活性化に関する法律）および**改正都市計画法**のいわゆる**まちづくり三法**が制定・施行された。それまでの「競争公正性を促進させる政策によって大型店と中小小売商の競争力を調整することから，環境整合性を高め，都市機能性を向上させるという価値基準によって調整が行われるようになっ」（関根 2004, p.301）たのである。

　ただ，実態が必ずしもそうなっていなかったことは，2006年のまちづくり三法の改正[11]にあらわれているといっても過言ではない。

　これによって，郊外開発一辺倒の発想が一段落したとはいえ，流通政策の本質からして，流通政策の展開がそう大きく変化するとは考えにくい。しかしな

がら，今日，流通調整政策の復活が待たれる状況にあることは間違いないといってよい。

(本章は，真部和義「大型店規制政策と『消費者利益』」『久留米大学商学研究』久留米大学商学会，2008年，pp.127-145，の原稿を一部加筆・修正したものである。)

注
1)『日経流通新聞』1997年12月27日付。
2)「大店法は形式的には大店立地法に引き継がれることになったが，政策理念としては両法の間に継続性はない。大店立地法では，大規模小売店舗の周辺環境への影響を問題にするものであって調整政策という政策手法は大店法の廃止をもってほぼ姿を消したと考えてもよいであろう」(番場2007, p.321)。
3) 流通政策の体系等についてより詳しくは，渡辺1999を参照されたい。
4)「今日，百貨店の前身と認められているのが，パリのマガザン・ド・ヌヴォテ(流行品店)である。この小売業態は，婦人服服地のほか，レース，毛皮など，そして1820年代後半からは既製服を取り扱った。豪華で魅力的なウィンドウをもち，入店自由，定価販売，現金販売，返品可などの販売方法を採ったが，その多くは2月革命(1848年)前後の社会的変動の中で消えた」(三浦2009, p.76)とされている。
5) 以下の第二次百貨店法の特徴についても，同論文の内容に沿っている。
6) その第1号店は，「1930年マイケル・カレン(Michael J. Kullen)によって，ニューヨーク州・ジャマイカに開業されたキング・カレン(King Kullen)である」(佐々木2009a, p.78)。
7)『日経流通新聞』1997年12月27日付。
8)「平成21(2009)年商業統計調査」は経済センサスの創設に伴い中止となっており(「経済産業省ホームページ」(http://www.meti.go.jp/statistics/tyo/syouyo/index.html)(2013年3月7日))，商業統計は2007(平成19)年を最後に公表されていないが，それまでの趨勢やわが国における流通政策の変遷等の事情からしても，今日の中小小売商の凋落ぶりについては容易に察しが付く。
　2012(平成24)年2月に実施された「平成24年経済センサス-活動調査」のなかで商業に関する調査事項が把握されており，また次回の商業統計調査は2014(平成26)年に実施される予定である(同上ホームページ)(2013年3月7日)が，いずれにせよ，「悲惨」な実態が明らかになることは間違いないといってよい。
9) 加藤義忠氏が指摘されるように，「中心市街地衰退の要因は郊外への大型店の出店である」(加藤2007, p.53)ことは，内閣府，すなわち政府が認めていることでもある。
10)「消費者」および「消費者利益」の概念について詳しくは，第11章第1節を参照されたい。ところで，消費者利益の重要な要素を占める商品の品質等安全性の問題に

ついては，流通規制緩和の進展のもとでは必ずしも重点がおかれてこなかったように思われる。消費者利益が価格や利便性に収れんされていたことの証左であるともいえるが，このことは，今日の商品安全性にかかわるさまざまな報道をみれば明らかである。

11）まちづくり三法の改正とはいっても，大店立地法を除く二つの法律，すなわち都市計画法（正式名称「都市の秩序ある整備を図るための都市計画法等の一部を改正する法律」，2006年5月31日公布）と中心市街地活性化法（正式名称「中心市街地の活性化に関する法律」，2006年6月7日公布）の改正にすぎない。大店立地法の改正は見送られており，この改正をもって「流通調整政策」復活にむけた動きが生じたとは到底いえない。

　ところで，改正都市計画法と中心市街地活性化法の評価については，以下のものが参考になるので，参照されたい。加藤義忠2007, pp.51-66。

（参考文献）

1) 石原 武政（1991）「流通調整政策」鈴木 武『現代の流通問題』東洋経済新報社。
2) 加藤 義忠（2000a）「戦前の流通機構」加藤 義忠・佐々木 保幸・真部 和義・土屋 仁志『わが国流通機構の展開』税務経理協会。
3) 加藤 義忠（2000b）「高度経済成長期の流通機構」加藤 義忠・佐々木 保幸・真部 和義・土屋 仁志『わが国流通機構の展開』税務経理協会。
4) 加藤 義忠（2006a）「第1次百貨店法の成立」加藤 義忠・佐々木 保幸・真部 和義『小売商業政策の展開［改訂版］』同文舘出版。
5) 加藤 義忠（2006b）「第2次百貨店法の特質」加藤 義忠・佐々木 保幸・真部 和義『小売商業政策の展開［改訂版］』同文舘出版。
6) 加藤 義忠（2006c）「大規模小売店舗法の制定」加藤 義忠・佐々木 保幸・真部 和義『小売商業政策の展開［改訂版］』同文舘出版。
7) 加藤 義忠（2006d）「大店法改正とその後の規制強化」加藤 義忠・佐々木 保幸・真部 和義『小売商業政策の展開［改訂版］』同文舘出版。
8) 加藤 義忠（2007）「まちづくり3法の見直し」関西大学『商学論集』第52巻第4号。
9) 経済産業省編（2007）『新流通ビジョン』経済産業調査会。
10)「財団法人流通経済研究所40年史」編集委員会編（2007）『財団法人流通経済研究所40年史〜流通の進化をめざして〜』流通経済研究所。
11) 佐々木 保幸（2006）「小売商業政策の分析視角」加藤 義忠・佐々木 保幸・真部 和義『小売商業政策の展開［改訂版］』同文舘出版。
12) 佐々木 保幸（2009a）「総合スーパーとスーパーマーケット」加藤 義忠監修・日本流通学会編『現代流通事典［第2版］』白桃書房。
13) 佐々木 保幸（2009b）「わが国の流通政策」加藤義忠監修・日本流通学会編『現代流通事典［第2版］』白桃書房。
14) 関根 孝（2004）「流通政策−大店法からまちづくりへ−」石原 武政・矢作 敏行編『日本の流通100年』有斐閣。

15) 番場 博之 (2007)「流通政策の理論と歴史」加藤 義忠・齋藤 雅通・佐々木 保幸編『現代流通入門』有斐閣。
16) 真部 和義(1996)「流通規制緩和論の検討」加藤 義忠・佐々木 保幸・真部 和義共著『小売商業政策の展開』同文舘出版。
17) 三浦 一郎 (2009)「百貨店」加藤 義忠監修・日本流通学会編『現代流通事典［第2版］』白桃書房。
18) 渡辺 達朗(1999)『現代流通政策―流通システムの再編成と政策展開―』中央経済社。

第6章 流通振興政策

本章の構成
第1節　地域商業振興政策
第2節　流通近代化政策，流通システム化政策
第3節　流通振興政策が流通構造に与えた影響

> **本章のポイント**
>
> 　流通振興政策は，その対象領域によって大きく2つに分けることができる。1つは，地域商業の振興を図る地域商業振興政策である。もう1つは，流通部門全体の効率化を図る流通近代化政策，流通システム化政策である。そこで，この章では，地域商業振興政策，および流通近代化政策，流通システム化政策からなる流通振興政策が流通構造に与えた影響について学習する。
> - 第1節では，地域商業振興政策の変遷，および商業統計に基づいて地域商業の地盤沈下について学習する。
> - 第2節では，流通近代化政策，流通システム化政策の中でも，ボランタリーチェーン化の推進，卸商業団地の建設，流通情報システム化の推進について学習する。
> - 第3節では，まとめとして，流通振興政策が流通構造に与えた影響について学習する。

第1節　地域商業振興政策

1. 商店街振興組合法

地域商業は，地域に拠点をおく小売業・飲食業・対個人サービス業を営む中小小売商，それらが集積した商店街，さらに複数の商店街からなる商業集積によって形成され，「まち」を構成する重要な機能を担っている。

わが国の商業振興政策において地域的な視点が導入されたのは，1962年施行の**商店街振興組合法**に始まるといってもよい。商店街振興組合は，1949年施行の「中小企業等協同組合法」によって制度化された事業協同組合と比較すると，中小小売商業者だけではなく，大型店や銀行，非事業者（個人）も組合員に加えることができるという点が特徴である。アーケードやカラー舗装，街路灯などの「環境整備事業」や，売出しやスタンプサービスなどの「販売促進事業」を共同で推進する組織である。

商店街振興組合の設立には，次の要件を満たすことが必要である。①市（東京都の区を含む）の区域に属する地域にあること，②小売業またはサービス業を営む事業者30人以上が近接して商店街を形成していること，③地区内の組合員となれる資格を有する者の3分の2以上が組合員となり，かつ組合員の2分の1以上が小売業またはサービス業を営む事業者であること，④他の商店街振興組合の地区と重複しないこと。

商店街振興組合法の施行後，小売商業店舗共同化事業（1963年），商店街近代化事業（1964年），小売商業連鎖化事業（1967年）という中小小売商業振興政策の柱が形成され，1973年には中小小売商業の総合的・体系的な振興を図る**中小小売商業振興法**が施行されることになる。

2. 中小小売商業振興法

わが国における「流通振興政策」と「流通調整政策」は，ともに大型店問題に対応する政策として策定されてきたといえる。流通振興政策の柱となる「中

小小売商業振興法」は 1973 年 9 月に公布されたが，これは第二次百貨店法時代の許可制から，大店法（同年 10 月公布）においては事前審査付き届出制へと規制が緩和されるなかで制定されたものである。

　その後，中小小売商業振興法は，改正大店法（1991 年 5 月公布）による大幅な規制緩和と同時に改正された。改正大店法では，商業活動調整協議会（商調協）の廃止，出店表明・事前説明制度の廃止，出店調整処理期間を 1 年以内に短縮，種別境界面積の引き上げなど大幅な規制緩和が進められた。他方，改正中小小売商業振興法では，「商店街整備等支援事業」が新設され，街づくり会社への支援が可能になった。さらに，「店舗集団化事業」「電子計算機利用経営管理事業」が新設されるなど，大幅な改正がなされた。すなわち，大店法によって大型店の出店に時間的な猶予を求め，その間に中小小売商業の近代化を図るために用意されたのが中小小売商業振興法であったといえる。

3. 中小小売商業振興政策から地域商業振興政策へ

　商業政策と都市政策との調和を求める視点の萌芽は，『**80 年代の流通産業ビジョン**』（1983 年）にみることができる。同ビジョンでは，**経済的効率性**と**社会的有効性**の調和という視点が打ち出された。

　「流通システムは，経済システムとしてばかりでなく社会システムとしても大きな役割を果たしている。したがって，流通産業を考える場合，『経済的効率性』ばかりでなく，『社会的有効性』，すなわち全体として一体感のある安定的な社会システムの維持，形成という点についても十分配慮する必要がある」（通商産業省商政課 1984, p.19）。また，「小売業は，地域住民の日常生活に直結し，地域に根ざした産業であり，地域社会全体との調和をとりながら発展が図られる必要がある」（通商産業省商政課 1984, p.16）と指摘し，コミュニティ機能をもった公共空間として，また地域文化の担い手などの社会的・文化的な機能にも着目して地域商業をとらえている（通商産業省商政課 1984, p.9）。

　『**90 年代の流通ビジョン**』（1989 年）においては，日米経済摩擦から生じた大規模小売店舗法（大店法）の規制緩和の流れの中で，競争メカニズムを重視

した流通近代化政策が前面に打ち出され,「社会的有効性」の評価や,商業政策と都市政策との連携という視点は後退する。

しかし,『**21世紀に向けた流通ビジョン**』(1995年) において,これらの視点は再確認されることになる。同ビジョンでは,流通のもつ2つの側面,すなわち「生産から消費までをつなぐシステム」と「消費者との接点としての社会的存在」を,それぞれ「機能としての効率性」と「付加価値の創造,社会的存在としての規範性」から位置づけている (通商産業省産業政策局・中小企業庁 1995, p.11)。

前者は『80年代の流通産業ビジョン』における「経済的効率性」,後者は「社会的有効性」に通じるものである。そして,「この2つは矛盾するものではなく,むしろ,一方に偏った見方は流通の全体像を見失わせる。流通システムの効率性追求は個別企業レベルの問題であり,その積上げが流通全体の効率化となって,消費者に還元されるのに対し,消費者との接点としての流通は,業態,商業集積レベルの問題であり,個別企業レベルの効率性追求とは矛盾しないからである」(通商産業省産業政策局・中小企業庁 1995, p.11) としている。

『90年代の流通ビジョン』(1989年) は,流通の「社会的有効性」の評価という点では後退したものの,それまでの商店街組織を対象とした政策から,商業集積を対象とした政策へと踏み出し,「街づくり会社構想」の推進が打ち出された (通商産業省商政課 1989, pp.152-153)。この背景には,駐車場,イベント広場,コミュニティホールなどの商業基盤施設を整備したり,商業集積の核となる共同店舗などの商業施設を設置するためには大きな資金負担が必要であり,商店街振興組合などの既存組織では十分に対応できないという認識があった。

そこで,商店街振興組合などに代わって,市町村などの地方公共団体および商店街振興組合などが出資・拠出した特定会社または公益法人が事業を行うものが「街づくり会社」である。中小企業基盤整備機構が出資する「商店街整備等支援事業」の対象となる**街づくり会社**は,中小企業者以外の会社による出資額の合計額が資本額もしくは出資総額の2分の1未満である「特定会社」,ま

たは民法第34条の規定により設立された「公益法人」である。「商店街整備等支援事業」は，商店街の活性化，集客力の向上を図るため，街づくり会社などが多目的ホール，スポーツ施設，駐車場などのコミュニティ施設の整備と，これらの施設とあわせて共同店舗を整備する事業をいう。

さらに，『90年代の流通ビジョン』を受けて，「商業集積を核としたまちづくり」を基本コンセプトとする**特定商業集積法**が1991年に施行された。同法は，特定商業集積の整備を促進することにより，商業の振興および良好な都市環境の形成を図ることを目的としたものである。

特定商業集積とは，「商業施設」と顧客や地域住民の利便の増進を図る施設や小売業者の営業活動を支援する共同利用施設である「商業基盤施設」が一体的に整備され，一定の要件を満たすものである（通商産業省 1997, p.265）。当初は「地域商業活性化型」「高度商業集積型」の2類型であったが，1996年には「中心市街地活性化型」が追加され，3類型になった[1]。なお，特定商業集積法は，「商業の活性化に対する支援措置を中心市街地に集中的に講ずる」との理由で，2006年6月に廃止されている。

4. 地域商業の地盤沈下

表6-1は，商店街形成地区小規模店（売場面積100㎡未満）販売割合の推移をみたものである。商店街形成地区小規模店は，商店街の盛衰が直接販売額の増減に影響するであろう"商店街に立地する小規模店"であり，『商業統計表（業態別統計編）』における「専門店」および「中心店」のうち，売場面積100㎡未満の店をとった。

「④小売業計に占める商店街形成地区小規模店販売割合」は，1997年13.4％，2002年10.5％，2007年9.0％と減少を続けており，商店街に立地する小規模店が消費生活にはたす役割は非常に小さなものとなってきている。また，「⑤小規模店計に占める商店街形成地区小規模店販売割合」をみても，1997年50.0％, 2002年43.3％, 2007年41.8％と減少を続けている。これは，小規模店の立地としても商店街形成地区がカバーしている範囲が縮小している

表 6-1 商店街形成地区小規模店販売割合の推移

	1997 年	2002 年	2007 年
①小売業計販売額（売場面積をもつ事業所のみ）(10億円)	110,994	102,115	99,035
②小規模店（売場面積100㎡未満）販売額計 (10億円)	29,654	24,721	21,334
③商店街形成地区小規模店（売場面積100㎡未満）販売額 (10億円)	14,819	10,710	8,911
④小売業計に占める商店街形成地区小規模店販売割合（%）(③／①×100)	13.4	10.5	9.0
⑤小規模店計に占める商店街形成地区小規模店販売割合（%）(③／②×100)	50.0	43.3	41.8

(注1) 販売額は売場面積をもつ事業所の販売額。
(注2)「商店街形成地区」は，「駅周辺型商業集積地区」「市街地型商業集積地区」「住宅地背景型商業集積地区」の合計。
出所：経済産業省（通商産業省）『商業統計表（立地環境特性別統計編）（業態別統計編）』より作成。

ことを意味している。

第2節　流通近代化政策，流通システム化政策

　1962年，林周二による『流通革命』(中公新書)が出版された。当時は，スーパーの萌芽期であり，1957年にダイエー，1958年に西友が誕生し，成長し始めていた。近代化された生産体制と旧態依然たる販売体制の間には大きなギャップがあり，流通部門の非効率性を解消しなければ，効率的な生産に即応した大量販売ができないという論旨である。そして，メーカーとスーパーが直接取引するようになるため，卸売商は排除されるという，いわゆる「問屋無用論」が主張された（住谷 2010, pp.1-3）。

　産業合理化審議会流通部会は，1962年から流通政策に関する審議を開始，1963年からはスーパーマーケットについて審議した。その後，産業合理化審議会は産業構造審議会に改組され，1964年には同流通部会により「スーパーマーケットに関する中間報告」がまとめられた。ここでは，流通機構の近代化という観点からスーパーを肯定的に評価するとともに，中小小売商の近代化を強力に推進すべきとされた（通商産業政策史編纂委員会 1993, p.402）。

　さらに，産業構造審議会流通部会では，第1回中間答申「流通機構の現状と問題点」(1964年)，第2回中間答申「流通政策の基本的方向」(1965年)において，流通機構の生産性向上や流通活動の機能の高度化が不可欠され，1960年代中盤以降，中小小売商を対象とする商店街活性化，店舗共同化，ボランタリー

チェーン化の推進を 3 つの柱とする**流通近代化政策**が展開されることになる。

1963 年には，卸商業団地とよばれる店舗等集団化事業が創設された。同時に中小企業振興資金等助成法が中小企業近代化資金助成法に改称され，1961 年に創設されていた工場等集団化事業と合わせて，卸売店舗集団化など中小企業高度化資金制度が創設された。次いで，産業構造審議会流通部会第 6 回中間答申『流通近代化の展望と課題』(1968 年)，第 8 回中間答申『流通近代化地域ビジョン』(1970 年) において卸売業の立地適正化が位置づけられるようになる。

また，産業構造審議会流通部会第 7 回中間答申『流通活動のシステム化について』(1969 年) において，商流，物流，情報流を総合した「流通システム」(三村 2009, p.100)，そしてその機能の高度化を支援する**流通システム化政策**が打ち出された。

『流通活動のシステム化について』においては，「流通機能を高度化するためには，流通過程を 1 つのシステムとしてとらえ，システム全体としての機能の高度化と生産性の向上を図ることが大切」(産業構造審議会流通部会第 7 回中間答申 1971, pp.85-86) としている。1970 年には「流通システム化推進会議」が設置され，1971 年に**『流通システム化基本方針』**が取りまとめられた。この中で，「流通部門にはきわめて多くの中小企業が存在しており，この中小企業が流通システム化に適応して，その効率化を図ることは，わが国流通近代化の大きな課題であり，この点には十分配慮する必要がある」(流通システム化推進会議 1971, p.27) としている。

本節では，これらの流通振興政策のうち，地域商業振興政策を除く流通振興政策，ボランタリーチェーン化の推進，卸商業団地の建設，流通情報システム化の推進の 3 つをとりあげて解説する。

1. ボランタリーチェーン化の支援

ボランタリーチェーンとは，中小の小売業者が，独自の店名や看板，外装で営業する独立性を維持しつつも，大手のチェーンストアに対抗して共同で

商品を仕入れるなどの共同活動を実施することを目的とするチェーン組織である。食品・酒類卸の国分が運営するコンビニエンスストアの国分グローサーズチェーン（コミュニティ・ストア），ミニスーパーによる共同仕入れ組織である全日食チェーンなどがあげられる。前者は卸売業が主催するボランタリーチェーン，後者は小売業が主催するボランタリーチェーン（コーペラティブ・チェーンともいう）である。

産業構造審議会流通部会第3回中間答申『小売店のチェーン化の推進について』においては，チェーン化の推進の重要性について次の4つの理由をあげ，特にボランタリーチェーンにおいては，第3，第4の理由が重要であると指摘している（産業構造審議会流通部会第3回中間答申 1965, 通商産業政策史編纂委員会・石原武政 2011, pp.162-163）。①現在の事業規模の拡大によって直接的，間接的に小売商の近代化，生産性向上に資する。②わが国消費者の購買頻度を考慮した場合，小売店舗を大型化するという方法よりも，比較的小規模な店舗の分散的結合という形をとるチェーンの方が，わが国の実情に適している。③店舗の廃止，合併等既存の体制に急激な変更を加えることなく，また，大きな設備投資を行うことなしに規模の利益の達成ができるので，円滑な推進が期待できる。④組織化しうる対象は非常に広いため，零細小売商といえどもこれに積極的に参加することができ，それによる流通部門の合理化効果も極めて大きい。

1966年には，中小企業近代化資金等助成法の対象事業に「中小商業連鎖化事業」が追加され，同年には社団法人日本ボランタリーチェーン協会が設立された。その後，1973年に施行された「中小小売商業振興法」では，中小小売業に対する支援策として連鎖化事業計画が位置づけられた。

ボランタリーチェーン協会の調べによると，協会が設立された1966年当時のチェーン数は43，加盟店数11,059店（小売業計の0.8％）であった。その後，チェーン数は増加し，1979年にチェーン数153（加盟店数43,625店，小売業計の2.8％）とチェーン数がピークを迎え，1986年にはチェーン数131（加盟店数53,540店，小売業計の3.4％），年間販売額は10兆4,000億円（小売業計の12.6％）となったが，その後は加盟店数，年間販売額ともに減少傾向にある。

経済産業省『商業統計表（産業編）』によると，2007 年におけるボランタリーチェーン加盟店数は 32,925 店（小売業計の 2.9%），年間販売額は 7 兆 8,000 億円（小売業計の 5.8%）となっている。他方，2007 年におけるフランチャイズチェーン加盟店数は 77,110 店（小売業計の 6.8%），年間販売額は 11 兆円（小売業計の 9.6%）となっており，フランチャイズチェーンの方がはるかに優勢である[2]。

わが国において，ボランタリーチェーンが十分な成長を遂げることができなかった理由として，懸田豊は次の 3 点を指摘している（懸田 2005, pp.6-7）。①わが国の中小小売店主が「一国一城の主」であることに誇りをもち，商店街のような限定的な範囲では連帯感をもって共同することができるが，広域にわたり多数の独立自営業者が永続的な関係を結ぶ組織に，おのれを捨てて忠実に参加することはできない。②欧米では大規模小売組織の成長に対する危機意識がチェーンの結成に結実していったのに対して，わが国では高度経済成長や大型店の出店規制の下で危機意識が欠如していた。③流通系列化やわが国特有の取引慣行がメーカーや卸売業との密接な相互依存関係を形成しているため，容易に中間の卸売段階を排除できないし，一括大量仕入れのメリットも顕著に発揮できない。

わが国のボランタリーチェーンにおける仕入れ集中率（仕入れ総額に対する本部経由の仕入れ額の割合）をみると全体で 38.3% となっている。すなわち，仕入れ総額の 4 割近くは本部経由で仕入れているが，残りの 6 割以上はそれぞれの店が独自に仕入れている。コンビニエンスストアのフランチャイズチェーンにおいては，ほぼ 100% の仕入れ集中率であることと比較すると，チェーン本部がはたす役割は小さい。なお，業種別に仕入れ集中率をみると，ドラッグ 50.1%，非食品 42.9%，食品 31.3%（共同仕入れ活動を行っている食品チェーンに限定すると仕入れ集中率は 47.2%）となっている（日本ボランタリーチェーン協会 2012）。

2. 卸商業団地の建設

　卸売業の集団化に関する政策では，卸総合センターおよび卸商業団地の建設があげられる。「卸総合センター」とは，アパレルなど都心部での立地が有利な業種を中心に，日本開発銀行からの低利長期融資に基づく大阪マーチャンダイズマート（1969年）や東京卸売センター（1970年）などが開発されている。しかし，その後都心部での大規模施設の立地は困難となり，郊外型の卸商業団地が主流となっていく（長島1991, pp.38-39）。

　他方で，**卸商業団地**とは，交通渋滞や駐車場難等により卸売業の業務を適切に遂行することができない中小卸売企業が事業協同組合を結成し，郊外に集団化して店舗を設置するものである。「たんに集団化するのではなく，配送，保管等の機能や情報収集機能を統合し，参加企業の力を強化する方向への指導を強化する」（産業構造審議会流通部会第6回中間答申1968, p.84）として，集団移転にとどまらず，中小企業構造の高度化を目指す必要性が指摘されている（長島 1991, p.39）。

　卸商業団地への助成制度は，1963年に中小企業振興助成法が「中小企業近代化資金助成法」と改称され，卸売商業も「中小企業卸売業店舗集団化助成制度」として助成対象となったことに始まる。同制度は，卸売業の事業協同組合等が作成する店舗集団化計画に基づいて集団化する場合に，その店舗集団化計画が一定の基準に該当し，中小企業の近代化に資すると認められたときには，所要資金を貸し付けるというものである。

　当初は，貸付割合，土地・設備・共同施設は事業費の2分の1以内，建物は3分の1以内，貸付期間は5年以内（据置き1年以内），貸付利率は無利子であった。その後，貸付割合も拡大し，貸付期間も長期になっていった。そして，中小企業振興事業団法が制定された1967年度においては，貸付割合は貸付対象施設の65％以内，貸付期間は15年以内（据置き3年以内），貸付利率は2.2％となった。その後，1988年には貸付期間が20年以内（据置き3年以内），1999年には貸付割合は80％以内となった。貸付利率は，1969年から1988年まで適用された2.7％をピークに引き下げられる傾向にある。2012年度に

おいては，貸付割合は80％以内，貸付期間が20年以内（据置き3年以内），貸付金利1.05％となっている。

1967年に，中小企業商業団地連絡協議会を母体に全国卸商業団地協同組合連合会が設立された。当時の会員数は29会員（団地）であったという。そして，1975年度末の会員数は97団地を数えた（全国卸商業団地協同組合連合会1977）。また，高度化資金助成対象組合も1975年末までに115組合を数え（長島1991, p.42），この頃までに急速に卸商業団地が建設されていったといえる。

その後の団地完成は，「1976～1980年」17団地，「1981～1985年」13団地，「1985～1990年」6団地，「1990～1995年」7団地，「1996～2000年」2団地と減少傾向にあり，2001年以降はない（表6-2参照）。商団連の会員数の推移をみると，1975年度末の会員数は97団体であり，2011年度の会員数108団地と比較すると，1975年度末の会員97団地のうち26団地は退会，逆に37団地が新規に入会している。

表6-2　卸売団地組合設立・団地完成年

	1965年以前	1966～1970年	1971～1975年	1976～1980年	1981～1985年	1986～1990年	1991～1995年	1996～2000年	2001年以降	合計
組合設立年	16	45	19	12	6	4	3	0	0	105
団地完成年	2	19	39	17	13	6	7	2	0	105

(注1) 2次，3次にわたって入居している卸売団地の完成年は，最終の企業の入居年とした。
(注2) 協同組合津山卸売センターは1969年に1回目の団地が完成，その後新たな立地に移転して2000年に2回目の団地が完成した。そのため，団地完成年は1回目の団地完成年とした。
出所：全国卸商業団地協同組合連合会「全国の会員卸売団地」より集計・作成。

3. 流通情報システム化の推進

1972年には，「流通システム化」を推進する中心機関として**流通システム開発センター**が設立された。流通システム化は，流通情報インフラの整備，POS (Point of Sales) システムの導入，企業間ネットワークの支援などの「流通情報システム化の推進」とともに具体化していった（斎藤2002, p.11）。

(1) 流通情報インフラの整備

流通情報インフラの整備では，取引コード，取引伝票，通信制御手段の標

準化がなされた。**取引コード**とは，企業間の取引において使用されるコードであり，事業所を示す「共通取引先コード」と，商品を示す「共通商品コード」からなる。「共通取引先コード」は，1974年から日本百貨店協会が行っていた取引先コードを，1977年に流通システム開発センターが引き継ぎ，小売業全体の共通取引コードとして普及させた。また，「共通商品コード」は，1978年にJANコード（Japan Article Number Code）として標準化された（斎藤 2002, pp.12-13）。

　取引伝票は，仕入伝票，納品書，請求明細書，物品受領書など取引の際に利用される帳票の大きさや様式を標準化したものをいう。統一伝票は，通商産業省（現経済産業省）の指導のもと日本商工会議所が制定したもので，「百貨店統一伝票」（1974年，現在の統一伝票A様式），「チェーンストア統一伝票」（1975年，統一伝票B様式），チェーンストアの取引以外を対象とした「問屋統一伝票」（1977年，統一伝票C様式）が制定された。

　1984年には，受発注業務のオンライン化に伴って，買い手が発行した伝票を売り手が納品時に利用する「ターンアラウンド統一伝票」が導入された。さらに，1992年には業界横断的に使用可能な「業際統一伝票」が導入されている（斎藤 2002, pp.13-15）。

　通信制御手段の標準化では，卸売業にとって受注情報をオンラインで受信する際に小売業ごとの専用端末を導入することは大きなコスト増になってしまう。そのため，1つの端末機で複数の小売業のデータを受け取るために通信制御手段の標準化が必要とされるようになった。そこで，1980年に日本チェーンストア協会は，会員小売業と取引先とのデータ交換に用いる伝送手段をJCA（Japan Chain Stores Association）手順として標準化した。その後，1982年には通商産業省はJCA手順を流通業界全体に使用することとし，J手順として標準化した。

　さらに，1991年に日本チェーンストア協会は，データ伝送の高速化，国際標準通信規約に対応するJCA－H手順の開発を行い，その後通商産業省がH手順として標準化，普及していった（斎藤 2002, pp.15-16）。

(2) POSシステムの導入

「共通商品コード」は，1978年にJANコードとして標準化された。その後，1979年には通商産業省の委託を受けて流通システム開発センターによりJAN型POSの店頭実験が行われたが，本格的に普及するには至らなかった。POSシステムが急速に普及していくのは，1983年にコンビニエンスストア業界最大手のセブンイレブンが全店に導入後（セブン-イレブン・ジャパン 1991 p.201）である。この結果，メーカー側のJANコードの印刷が急速にすすみ，**POSシステム**の導入が本格化していく（斎藤 2002, pp.16-17）。

(3) 企業間ネットワークの進展

前述のように，1982年に通信制御手段が標準化されたのを受けて，1985年には企業間のデータ交換を行うVAN(Value Added Network)業者が生まれた。VANによって，中小企業でも仕入れ先や販売先とのデータ交換が可能となり，急速に**企業間ネットワーク**が普及していく（斎藤 2002, pp.17-18）。

(4) POSシステムの普及と情報格差

POS導入店舗数は，1986年度に1万店，1989年度に5万店，1991年度に10万店，1994年度に20万店，1998年度に30万店，2004年度に40万店を超え，最新の2009年度には48万4,000店となっている（流通システム開発センター「"JAN"型POSシステム導入実態調査」）。1980年代後半から1990年代にかけて急速に普及し，2000年代以降はその増加率は鈍化してきている。

ちなみに，有店舗小売業商店数計に対するJAN型POS導入店舗数の割合を推計すると，2009年度において36.0%程度[3]とみられ，中小規模の小売店には導入されていない。POSシステムは，小売業においてレジ作業の軽減や売れ筋商品・死に筋商品の把握に貢献するだけではなく，消費者の購買動向がデータとして生産者に伝えられることによって，過剰な生産や逆に品切れを防ぐことができる。すなわち，生産から消費に至るサプライチェーン全体の効率化を図ることが可能であり，SPA (Specialty Store Retailers of Private Label Apparel)型専門店チェーンが成長する基盤ともなっている。

しかし，中小小売商業者にとってPOSシステムを有効に使いこなすことは

非常に困難である。なぜならば，POSシステムによってバーコードを読み取っても，それは単に数字の羅列にすぎず，その情報を有効なものとするためには商品マスターの整備が必要となる。商品マスターは新しく取り扱うアイテムそれぞれに情報を登録しなければならない。

レギュラーチェーンやフランチャイズチェーンにおいては，商品マスターはチェーン本部によって更新される。加盟店は常に最新の商品マスターを利用できるとともに，そのコストも加盟店数で割った部分だけを負担すればよい。その点，独立の中小小売商業者にとって商品マスターの更新は大きな労力とコストがかかり現実には極めて困難である。POSの利用という点で間違いなく規模のメリットがはたらき，大規模なチェーンストアが競争上有利となる。

第3節　流通振興政策が流通構造に与えた影響

本章では，流通振興政策を構成する2つの柱，地域商業振興政策と流通近代政策，流通システム化政策について述べた。

わが国の地域商業振興政策は，かなり手厚いものであったといってもよい。しかしながら，商店街の疲弊はすすみ，中小小売商業振興法による認定計画数も1990年代後半以降，急速に落ち込んでいる[4]。このことは，商店街活性化計画を立て高度化資金を用いて商店街の活性化を図ろうとする意欲と資金力のある商店街が大きく減少していることを意味している。

商業統計調査の分析によっても，商店街形成地区の販売割合，さらには商店街形成地区の大店外立地商店や小規模店の販売割合は低下の一途をたどり，地域商業の地盤沈下が明確になっており，地域商業振興政策の効果は極めて限定的だったといえる。

他方，流通近代化政策，流通システム化政策に関して，「ボランタリーチェーン化の推進」および「卸商業団地の建設」については，いずれも1960年代から1970年代までは政策の効果が大きかったといえるが，1980年代くらいまででピークを迎え，その後は停滞傾向にある。

また,「流通情報システム化の推進」についても,流通情報インフラの整備,POSシステムの導入,企業間ネットワークの進展などの面で政策がはたした役割は大きい。しかし,流通情報システム化の進展を企業がいかに活用していくかという点では,大規模なチェーンストアが競争上有利となり,中小小売商の競争力を弱めることになった。

注
1) 特定商業集積法によって承認された構想は,高度商業集積型13件,地域活性化型38件,中心市街地活性化型1件にすぎなかった(石原 2011, p.78)。
2) 小売業企業数(店舗数ではない)のうちボランタリーチェーン加盟企業数は18,311店(小売業企業数計の2.4％),フランチャイズチェーン加盟企業数は41,044店(小売業企業数計の5.5％)となっている(中小企業庁 2012)。
3) 2009年度におけるJAN型POS導入小売店舗数(流通システム開発センター「"JAN"型POSシステム導入実態調査」)は約41万店(JAN型POS導入店舗数のうち小売業は84.7％と推計,2009年度単年度JAN型POS導入店舗数に対する小売業の割合を用いた),他方で経済産業省『経済センサス基礎調査2009年』における有店舗小売業店舗数計は約114万,有店舗小売業店舗数計に対するPOS導入店の割合は,36.0％と推計される。
4) 中小小売商業振興法による認定件数の推移は,次のとおりである。「商店街整備計画」(個々の店舗の改造とともに,共同駐車場やアーケードなどを設置する「商店街改造計画」,およびアーケード,カラー舗装,街路灯,駐車場などの共同の施設を設置する「共同施設計画」)の認定件数をみると,1990年代が多い。1994年度の146件がピークであり,以降減少傾向にあって,2004～2008年度は20件前後,2009年度および2010年度はそれぞれ14件の認定にとどまっている。中小小売商業者が共同で商業施設を整備する「共同店舗整備計画」は,中小小売商業振興法が施行された1973年度から1996年度頃までは毎年20件前後の認定があったが,以降は大きく減少し,2003年度以降の実績はない(南方 2011, pp.10-11)。

(参考文献)
1) 石原 武政 (2011)「地域商業政策の系譜」『商学論究』58巻,2号。
2) 懸田 豊 (2005)「日本のボランタリーチェーンの発展と課題」『流通情報』433号。
3) 斎藤 静一 (2002)「流通情報システム化30年の歩み」『流通とシステム』112号。
4) 産業構造審議会流通部会第3回中間答申 (1965)「小売店のチェーン化の推進について」。
5) 産業構造審議会流通部会第6回中間答申 (1968)「流通近代化の課題と展望」。
6) 産業構造審議会流通部会第7回中間答申 (1971)「流通システム化へのみち」。
7) 住谷 宏 (2010)「卸売商存立根拠論の再検討」『経営論集』75号。

8) セブン - イレブン・ジャパン編（1991）『セブン - イレブン・ジャパン 1973-1991』。
9) 全国卸商業団地協同組合連合会商団連 10 年史編集委員会編（1977）『商団連 10 年史』全国卸商業団地組合連合会。
10) 中小企業庁（2012）『中小企業実態基本調査 2010 年度』。
11) 通商産業省商政課編（1984）『80 年代の流通産業ビジョン』通商産業調査会。
12) 通商産業省商政課編（1989）『90 年代の流通ビジョン』通商産業調査会。
13) 通商産業省産業政策局・中小企業庁編（1995）『21 世紀に向けた流通ビジョン』通商産業調査会。
14) 通商産業政策史編纂委員会編（1993）『高度成長期　第 11 巻』経済産業調査会。
15) 通商産業省編（1997）『特定商業集積整備法の解説』通商産業調査会。
16) 通商産業政策史編纂委員会・石原　武政編（2011）『通商業産政策史 1980-2000 第 4 巻 商務流通政策』経済産業調査会。
17) 長島　広太（1991）「卸商業団地の政策展開と実績」『東京国際大学論集（商学部編）』43 号。
18) 日本ボランタリーチェーン協会（2012）「ボランタリーチェーン実態調査報告 2010 年度」。
19) 南方　建明（2011）「地域商業振興政策の変遷と政策の効果」『大阪商業大学論集』7 巻，1 号。
20) 三村　優美子（2009）「商業近代化政策」石原　武政・加藤　司編『日本の流通政策』中央経済社。
21) 流通システム開発センター「"JAN" 型 POS システム導入実態調査」（各年度版）。
22) 流通システム化推進会議（1971）『流通システム化基本方針』。
23) 渡辺　達朗（2011）『流通政策入門（第 3 版）』中央経済社。

第Ⅱ編　現代の流通問題

第7章 流通政策とまちづくり

本章の構成
第1節　郊外化の進行と小売商業問題の変化
第2節　コンパクトシティ構想とまちづくり
第3節　まちづくり三法の考え方
第4節　都市計画法
第5節　大店立地法
第6節　中心市街地活性化法

本章のポイント

○第1節では，小売業に関わる流通政策を必要とした小売商業問題がどの様に変化してきたのかを確認する。

○第2節では，現在のまちづくりに関わる政策理念に深く関係するコンパクトシティ構想について解説する。

○第3節では，まちづくり政策を実際に担う「まちづくり三法」の考え方について説明する。

○第4節では，都市計画法について，「まちづくり三法」として組み入れられた時の内容と，その後に改正に至った背景ならびにその改正のポイントを解説する。

○第5節では，大店立地法について，制定時の内容とその後にその運用に関わる指針が改定されるに至った背景ならびにその指針改定のポイントを解説する。

○第6節では，中心市街地活性化法について，制定時の内容とその後に改正に至った背景ならびに改正のポイントを解説する。

第 1 節　郊外化の進行と小売商業問題の変化

　地方都市を結ぶ鉄道では列車内の広告の数が極端に減ってきている。そして，その数少ない広告の主となっているのは，当該鉄道会社関係のものと学校関係のものである。学校関係の広告とは，大学のオープンキャンパスや予備校の案内などといったものである。

　これは，列車の乗客の主が高校生であることを意味している。以前は，通勤や通学の際の利用も含めて地方都市における日常的な交通手段であった列車であるが，いまはその利用目的の主が自動車を利用できない高校生の通学手段になっているのである。その結果，高校生にダイレクトに訴えかけたい大学や予備校のみしかそのような列車に広告を載せないのである。

　それは，地方都市においては特に，地域住民の移動手段の主が自動車になっていることを意味している。多くの住民が自動車を利用して通勤し，遊びに出かけ，買い物に出かけているのである。そのため，買い物先の店舗の選択に際しては，その店舗に付随して駐車スペースが十分に用意されていることが必修条件となる。店舗の方も，多くのお客さんに来てもらうには，十分な駐車スペースを準備しなくてはいけないため，結果として大規模な駐車場が確保できる郊外やその外に出店せざるを得ないのである。それは逆に，大規模な駐車場を有する店舗が郊外やその外に出店していったために，自動車での買い物が普及していったということもできる。いずれにしても，日常的な買い物に自動車は欠かせない存在となっているのである。

　このように，郊外での自動車を利用した買い物が特に地方都市で一般的になってくると，**中心市街地**と呼ばれるまちの中心部には人が集まらなくなり徐々に活気が失われていくようになった。

　問題があるから政策は必要とされるが，以前の小売業に関わる問題は大型店と小さな店の対立に関わるものが主であり，そのためその問題をどの様に解決するのかが政策の主たる課題であった。このような対立が起きるのは，地域商

業と呼ばれる小さな店とそれが集積する商店街のなかあるいはその近隣に大型店も出店したいと考えていたからである。人々が買い物をする場所が中心市街地であって，そこを大型店も出店のターゲットとしていたのである。そのため，大型店が出店してくるとその近隣の地域商業に影響をもたらすので大型店に一定の規制をする「調整」という政策手法がもちいられてきたのである。この調整という手法は，大型店の出店を拒否するといったものではなくて，大型店が出店してくることを前提にして，その出店時期や店の広さそして閉店時間や休業日数を調整するもので，大型店の急激な出店とその影響を抑制する効果をもっていた。

　しかし，「調整」という政策手法によって中心市街地に出店してくる大型店に一定の規制がなされても，中心市街地の地域商業としての小さな店は大型店の出店の影響を受けていった。その後，人口および役所などの公的機関や学校など各種の都市機能が郊外化していくのに伴って大型店の郊外化も進んでいった。このような郊外化の進行によって中心市街地からにぎわいがどんどんと失われていき，取り残された中心市街地はシャッター通り化していった。

　このような郊外化の進行による中心市街地の衰退という問題は，従来のような大型店と小さな店の関係を経済的な視点から調整するといった政策手法で解決できるものではなかった。そのため，地域のあり方や都市のあり方を俯瞰的に考える，すなわちまちづくりという視点から地域の商業の問題も考える必要があるとされて，まちづくり政策が導入されるのである。ただ，それまでの政策と代替的に1990年代後半から導入されたまちづくり政策は有効に機能することがないばかりか，むしろ中心市街地の衰退を推し進めてしまったのである。そのため，2000年代に入るとまちづくり政策のあり方は見直しを迫られることとなったのである。

第2節　コンパクトシティ構想とまちづくり

　現在のまちづくり政策を考える際の基本的なスタンスは，コンパクトなまち

を形成することにある。しかし，拡大した都市でその機能は分散しているのが現状である。人口が減少し，高齢化と少子化が進んでいる今日，自動車が唯一の移動手段でありそれを利用してしか日常的な買い物ができない状況は極めて不便で非効率である。

　もちろん，この少子高齢化と人口減少という傾向が短期的なものであれば大きな問題とはならないであろうが，それは長期的なトレンドである。とすれば，まちづくりにおいてもそれを前提としたうえで，それでもなおこれまでの暮らしの質が維持できる方向性が検討されなければならないのである。その1つの方向性として注目されたのが「コンパクトで生産性の高いまち」を目指す**コンパクトシティ構想**である。

　コンパクトシティ構想とは「人口の増加やモータリゼーションの進展に伴って住宅や各種の施設・機能を都市中心部からその外に拡大・分散させてきたこれまでの都市のありかたを見直し，人口・都市機能の郊外化や空洞化およびスプロール化を抑制して，職場・住居・学校・文化施設・医療機関・公共施設・商業やサービス業施設など都市の基本的な施設・機能を都市中心部に集積させることで住み良いまちをつくろうとする，持続可能社会に向けたまちづくりの考え方」（番場 2013, p.37）ということである。現行のまちづくり政策の基底にある考え方である。

　まちをコンパクトにする効果には，たとえばごみ収集や道路あるいは上下水道といったインフラの整備にかかわる費用を削減でき，郊外の緑地・農地が開発されずに確保できるといったものがある。また，職場と住居が近接することで通勤時間が節約され交通渋滞が緩和できると同時にエネルギー消費量を削減できるといったことが考えられる。さらに，自宅近隣で日常的な買い物や各種の施設利用ができ，商店街に活気を取り戻すことができるなどといったことも考えられる。

　都市がスプロール的に拡大していくなかで，その中心部の空洞化は進んでいったが，そこにおいておもに高齢者等が買い物機会を喪失した**買い物難民**と呼ばれる状況となっているケースがある。このようなケースにおいて，まちがコンパクトになって要領よく諸機能がまとまっていて日常的な買い物が身近で

可能となれば，自立的な生活が可能となる高齢者等も少なくないであろう。

ただ，既に郊外化が進んでしまっている地域において短期間でまちの中心部に各種機能を集約させようとするのは現実的には無理である。したがって，中心部への機能の集約化を進めながら，一方でまちの中心部に利便性の高い公共交通機関によってアクセスが容易な状態をつくること等もコンパクトシティの1つのあり方として考えることが現実的である。

コンパクトシティでは基本的に，既存の施設を有効に活用することが目指され，また既存の社会的資本の魅力を引き出し活用していくことが目指される。その意味で，コンパクトシティ構想というのは，空間の効率的利用のために拡大を前提とせずに発展を目指す生活様式の変革であり意識改革であるともいえる。

第3節　まちづくり三法の考え方

21世紀を前にわが国の流通政策には，まちづくり政策の考え方が本格的に導入された。そのまちづくり政策を担うよう準備されたのが**まちづくり三法**である。

まちづくり三法は，都市計画法，大店立地法（「大規模小売店舗立地法」），中心市街地活性化法（成立時の正式名称は「中心市街地における市街地の整備改善及び商業等の活性化の一体的推進に関する法律」であったが，2006年の改正で「中心市街地の活性化に関する法律」となった）の3つの法律によって構成されている。

それぞれ，別々の法律でありながら「まちづくり三法」という1つのくくりで呼ばれるのは，この3つの法律が相互に影響しあうことによって生じるシナジー効果によって体系として政策が効果的に機能することが期待されたからである。

都市計画法に基づいて大型店が出店できる地域を規定して，それを前提にして大店立地法によって大型店の立地する周辺の生活環境を良好に維持することを目指す。そのように，土地の利用と大型店の立地を規定し大型店の周辺の生活環境を維持しつつ，人が集い買い物するまちの中心部については中心市街地活性化法によってにぎわいを維持・再生していこうというものである。

しかしながら，このまちづくり三法は制定当初からそれぞれの法律自体の問題が指摘されていた。また，導入以降はその組み合わせによってマイナスのシナジー効果が生じてしまい，むしろ各種の郊外化を推し進めてしまった。そのため，2006年に都市計画法と中心市街地活性化法を大幅に改正し，それに前後して大店立地法の運用に関わる指針の見直しを行って，郊外やその外への大型店等の出店の抑制を進めるとともにまちの中心部ににぎわいを取り戻す取り組みを強化した。

次節以降では，まちづくり三法の各法律それぞれについて，1998年の制定時の内容と2006年とその前後の改正あるいは指針の見直しのポイントについて解説していこう。

第4節　都市計画法

名称からすれば大店立地法が大型店の立地を規定する法律のように思えるが，まちづくり三法では**都市計画法**が大型店を含めて小売業の店舗立地を規定する法律となる。小売業に関わる点でいえば，都市計画法は「どのような場所に出店することができるのか」ということを規定する法律である。この法律はまちづくり三法立ち上げ以前からある法律であるが，まちづくりをより具体的なかたちで担うように改正され，まちづくり三法を構成する1つの法律としても位置づけられたのである。

都市計画法では，国土全体をまず都市計画区域，準都市計画区域（2000年改正で設定），それ以外の3つに分類する。そのうちの都市計画区域とは，総合的に整備されることが目指されている区域で，国土全体の3割弱を占めるに過ぎないが，そこに人口の9割以上が居住している。その都市計画区域は，さらに**市街化区域**，市街化調整区域，非線引き都市計画区域（2000年以前は「未線引き都市計画区域」と呼んでいた）の3つに分類される。市街化調整区域が市街化を抑制する区域であるのに対して，市街化区域は優先的かつ計画的に市街化を進めることが予定される区域である。

市街化区域では少なくとも**用途地域**を定める必要がある。用途地域は住居・商業・工業の3つを基準の柱として，土地の使い方や建てることのできる建物の種類や大きさによって，以下のように12種類が定められている（国土交通省HP，2012年12月アクセス）。

①第一種低層住居専用地域
　低層住宅のための地域。小規模な小売店舗や事務所を兼ねた住宅および小・中学校などが建てられる。
②第二種低層住居専用地域
　おもに低層住宅のための地域。小・中学校などのほか，150 ㎡までの一定の小売店舗などが建てられる。
③第一種中高層住居専用地域
　中高層住宅のための地域。病院，大学，500 ㎡までの一定の小売店舗などが建てられる。
④第二種中高層住居専用地域
　おもに中高層住宅のための地域。病院，大学などのほか，1,500 ㎡までの一定の小売店舗や事務所など必要な利便施設が建てられる。
⑤第一種住居地域
　住居の環境を守るための地域。3,000 ㎡までの小売店舗，事務所，ホテルなどが建てられる。
⑥第二種住居地域
　おもに住居の環境を守るための地域。小売店舗，事務所，ホテル，カラオケボックスなどが建てられる。
⑦準住居地域
　道路の沿道において，自動車関連施設などの立地と，これと調和した住居の環境を保護するための地域。
⑧近隣商業地域
　まわりの住民が日用品の買い物などをするための地域。住宅や小売店舗のほ

かに小規模の工場も建てられる。

⑨商業地域

銀行，映画館，飲食店，百貨店などが集まる地域。住宅や小規模の工場も建てられる。

⑩準工業地域

おもに軽工業の工場やサービス施設等が立地する地域。危険性，環境悪化が大きい工場のほかは，ほとんど建てられる。

⑪工業地域

どんな工場でも建てられる地域。住宅や小売店舗は建てられるが，学校，病院，ホテルなどは建てられない。

⑫工業専用地域

工場のための地域。どんな工場でも建てられるが，住宅，小売店舗，学校，病院，ホテルなどは建てられない。

さらに，用途地域にはその地域の設定された趣旨の範囲内において各自治体（市町村）が独自の用途を**特別用途地区**として上塗りすることができるようになっている。この特別用途地区が設定されることによって，各自治体がそれぞれのまちづくりの方針にしたがって大型店の出店を管理しながら特色あるまちづくりを行うことが期待された。

しかし，そのような上塗りが可能なのは非常に限られた範囲であって，大型店の出店が盛んに行われていた郊外やその外ではほとんど機能するものではなかった。そのため，結果的に大型店の郊外出店はほとんど抑制できなかったのである。また，それぞれの自治体の判断によって特別用途地区の上塗りがなされるが，隣接する自治体が違った判断をした場合に上塗りの効果が制限されてしまうという問題も抱えていた。一般的には，小売業の活動やその店舗が形成する商圏は必ずしも自治体の地理的な枠組みに制限されるものではないため，広域的な視点からの調整の必要性が求められた。

そのようなことから，2000年の改正で非線引き都市計画区域のうちで用途

地域の指定のない区域での特定の用途の建物の立地が制限できる制度が導入された。その後，2006年には大幅な改正がなされた。この抜本改正でのポイントの1つは，それまで規制対象を商業施設に限定していたものを，特に規模の大きなものに関しては集客施設というくくりで飲食店や映画館あるいはゲームセンターなども含めて規制対象とすることとなった点にある。あわせて，この特に大規模な集客施設の立地できる用途地域を近隣商業地域，商業地域，準工業地域の3つに限定したうえで，三大都市圏と政令指定都市以外では準工業都市へのそのような施設の立地には条件が付されることとなった。

もう1つのポイントは，都道府県という枠内ではあるが，**広域調整**という考え方が導入されたことである。これによって，たとえば用途地域の変更等に関わってその影響を受ける各自治体の意見求めることができるようになった。

第5節　大店立地法

大店立地法は「大型店が出店してくると，その周辺の生活に関わる環境が悪化する可能性があるので，それを良好に維持するために大型店に一定の配慮を求める」というものである。この法律は，その名称からは大型店の立地を規定する法律のように思えるが，実際にはその出店そのものは前提とされ，そのうえで大型店出店による当該店舗の周辺の生活環境への影響を問題にしている法律である。

大店立地法における大型店とは，全国どこにおいても一律の基準で店舗面積が1,000 m²以上（政令による）の小売店舗のことである。この基準面積を超える小売店舗を出店しようする場合には，出店場所に応じて都道府県ないし政令指定都市に届けを出して，施設の配置と運営方法について審査を受けることとなる。審査は別に定める指針に基づき，1年以内になされる。

指針に盛り込まれた事項は駐車場の規模や騒音，廃棄物などに関わることであり，それらの具体的な数値基準によって店舗周辺の生活環境への配慮が求められるのである。なお，新規出店の届け出から審査が終了するまでの手続きは

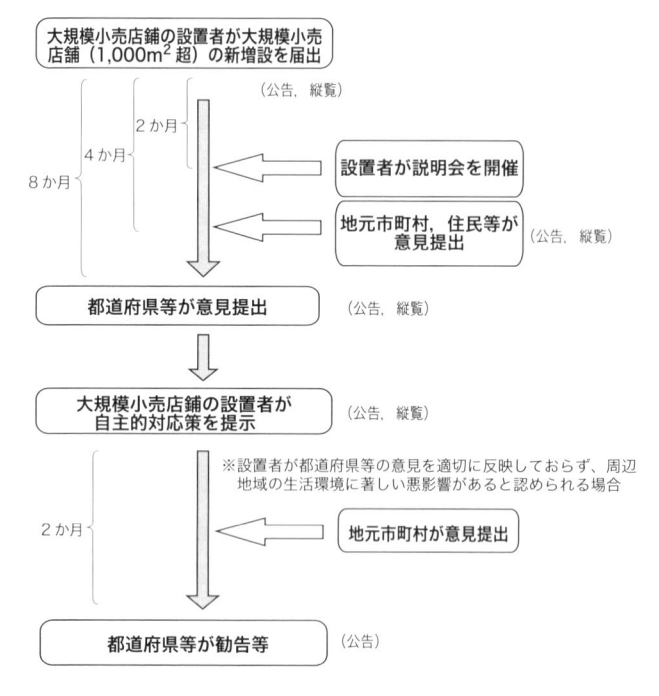

図 7-1 大店立地法の手続き

```
大規模小売店舗の設置者が大規模小売
店舗（1,000m² 超）の新増設を届出
                    │
        ┌───────────┤ （公告, 縦覧）
      2か月         │
  4か月 │      ← 設置者が説明会を開催
8か月 │ │
    │ │          ← 地元市町村, 住民等が
    │ │            意見提出              （公告, 縦覧）
    │ ▼
    │ 都道府県等が意見提出              （公告, 縦覧）
    │   ▼
    │ 大規模小売店舗の設置者が           （公告, 縦覧）
    │ 自主的対応策を提示
    │   │
    │   │   ※設置者が都道府県等の意見を適切に反映しておらず、周辺
    │   │     地域の生活環境に著しい悪影響があると認められる場合
   2か月 │      ← 地元市町村が意見提出
    │   ▼
    └─ 都道府県等が勧告等              （公告）
```

出所：経済産業省 HP（http://www.meti.go.jp/），2012 年 12 月アクセス。

図 7-1 のような流れになっている。

　指針の基準に基づいて，たとえば，大規模な駐車スペースを確保しようとすると都市の中心部で確保するよりも郊外での方が容易であるといったことから，大店立地法は大型店の郊外化を促進する効果をもってしまった。その他，周辺環境に影響をもたらす施設が小売店舗に限定されていることや深夜営業の拡大にともなう騒音や治安等の問題の拡大などさまざまな問題点が指摘されたことから，大店立地法は 2000 年代に入るとその運用に関わる指針が見直されることとなった。

　大店立地法の指針は 2005 年と 2007 年に改定がなされた。それにより，深夜営業店への対応強化として駐車場への照明の設置や警備員の巡回などが規定

され，また都道府県や政令指定都市による弾力的な運用が可能となった。さらに，それまで小売店舗のみを規制対象としてきたが，生活環境に影響をもたらすものは小売店舗に限定されるものではないとの指摘がなされてきたことから，この改定において小売業と一体として併設されるサービス施設についても大店立地法が適用されることとなった。

第6節　中心市街地活性化法

　人口や各種の都市機能が郊外化し，まちの中心部いわゆる中心市街地が衰退していくなかで，「まちの中心部のにぎわいを維持あるいは再生していくための総合的・一体的な取り組みを支援する」法律として**中心市街地活性化法**は成立した。

　まちに関わる各要素が互いに協力し合いながら総合的な視点で活性化に取り組むことが目指されため，従来の小売商業政策で主体となってきた役所以外にも各省庁がこの法律には関わることとなった。それは，道路・商店街・住宅・病院・サービス業・商業のほか治安などまちに関わる要素が多様であることによる。そのため，この法律には11の省庁が関係することとなった。この間に中央省庁再編が行われたため名称は変更されたが，関係する役所を現行の名称で置き換えてみると経済産業省・国土交通省・総務省・文部科学省・厚生労働省・農林水産省・警察庁である。

　中心市街地活性化策を実施できる地域は，原則として各市町村で商業や都市の機能が集積する市街地1か所である。具体的な支援の手続きは，まず各市町村が国の基本方針に則って，どの地域をどのようなかたちで活性化していくのかという基本計画を策定する。この基本計画に基づいて，認定構想推進事業者である**TMO**（Town Management Organization：タウンマネージメント機関）等が事業計画を作成し，それを国が認定し支援することとなる。

　しかし，この中心市街地活性化法の施策が有効に機能することは少なく，結果として，従来のハコモノづくりに終始してしまうケースが多かった。また，

想定していたよりも郊外での商業等の活動がより活発化していったこともあり，中心市街地ににぎわいが戻ることで財政的には安定すると考えていたTMOで，その効果が芳しくないために財政的に息詰まるといったこともあった。

この法律とその運用が必ずしも当初に期待されていたほどの成果を生みださなかったのは，まちをマネジメントするという，いわば「まちづくりの文化」がわが国ではまだ成熟していなかったことに根本的な原因があろう。その内容が商業の活性化を中心としたものであったということもあり，従来型の補助事業の1つとしてこの法律による支援が捉えられ，地域や自治体が全体として中心市街地の活性化に取り組もうという流れにはなりにくかった。また，TMOが単なる補助金の受け皿としか考えられていなかったケースも多かった。

このような状況を受けて，2006年に支援措置の拡充など抜本改正された中心市街地活性化法の支援スキームは図7-2のようである。

改正されたこの法律では，市町村が支援を受けるためには，国の基本方針に

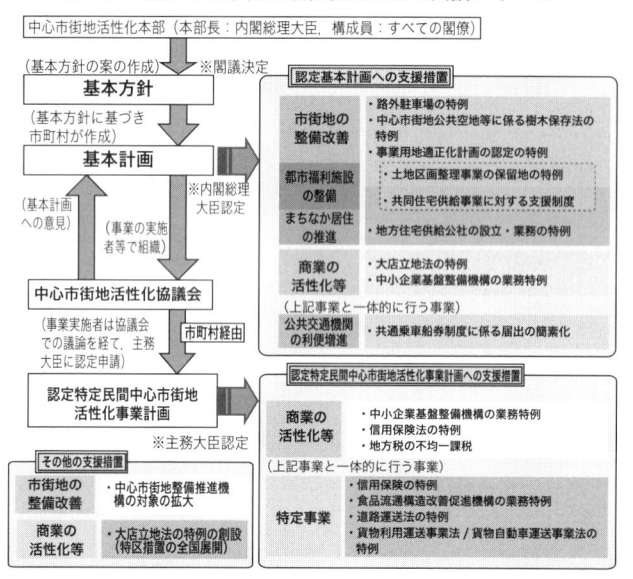

図7-2 改正中心市街地活性化法による支援スキーム

出所：中心市街地活性化協議会支援センターHP (http://machi.smrj.jp/)，2012年12月アクセス。

基づいて基本計画を策定し内閣総理大臣の認定を受けなければならなくなった。また，基本方針案の作成や施策の総合調整および事業実施状況のチェックなどのために内閣総理大臣を本部長とする中心市街地活性化本部が内閣府に設置されることとなった。それまでの薄く広くといった支援ではなく，選ばれた都市の選ばれた計画に集中的に支援をしていく**選択と集中**の考え方が原則となったのである。

また，この改正によりTMOに関する規定がなくなり，**中心市街地活性化協議会**の設置が規定された。改正前にTMOを組織していた自治体であっても，

図7-3　TMOと中心市街地活性化協議会の比較

区分	TMO	中心市街地活性化協議会
認定等	○市町村による認定 （下記に掲げる者が中小小売商業高度化事業構想を作成し、市町村が認定〔NPOについては商工会、商工会議所と共同で申請する場合に限る〕）	○規約を定め公表 （下記①及び②に掲げる者が共同で規約を定め公表）
対象者	①商工会 ②商工会議所 ③特定会社又は公益法人であって政令で定める要件に該当するもの（政令では地方公共団体による出資要件等を規定） ④その他中小小売商業高度化事業の総合的な推進を図るのにふさわしい者として政令で定める者（政令でNPOを規定）	①都市機能の増進を総合的に推進するための調整を図るのにふさわしい者として次に掲げるもののうちいずれか一以上の者 ⅰ中心市街地整備推進機構 ⅱ良好な市街地を形成するためのまちづくりの推進を図る事業活動を行うことを目的として設立された会社であって政令で定める要件に該当するもの ②経済活力の向上を総合的に推進するための調整を図るのにふさわしい者として次に掲げるもののうちいずれか一以上の者 ⅰ商工会又は商工会議所 ⅱ商業等の活性化を図る事業活動を行うことを目的として設立された公益法人又は特定会社であって政令で定める要件に該当するもの ※協議会に参加することができる者 1) 中心市街地活性化事業を実施する民間事業者 2) 中心市街地活性化事業に密接な関係を有する者（地権者等） 3) 市町村
役割	①中小小売商業高度化事業構想の作成 ②中小小売商業高度化事業計画の作成及び当該事業の実施	①市町村が作成しようとする基本計画並びに認定基本計画及びその実施に関し必要な事項に係る協議及び当該市町村に対する意見の提出 ②上記以外の中心市街地の活性化の総合的かつ一体的な推進に関し必要な事項に係る協議 ③特定民間中心市街地活性化事業計画に係る協議

出所：図7-2に同じ。

改めて中心市街地活性化協議会を組織することが求められた。両者の違いの詳細は図7-3のようであるが、TMOは主として商業の活性化のための機関であったが、中心市街地活性化協議会は中心市街地の活性化を中心にまちづくりを総合的に進める機関といえるであろう。

参考文献
1) 番場 博之（2013）「地域の再生とまちづくり」佐々木 保幸・番場 博之編『地域の再生と流通・まちづくり』白桃書房。
2) 経済産業省HP（http://www.meti.go.jp/），2012年12月アクセス。
3) 国土交通省HP（http://www.mlit.go.jp/），2012年12月アクセス。
4) 中心市街地活性化協議会支援センターHP（http://machi.smrj.go.jp/），2012年12月アクセス。

第8章 地域商業政策

本章の構成
　第1節　地域商業振興政策の展開
　第2節　地域商店街活性化法の制定
　第3節　地域商業振興条例の展開

```
本章のポイント
　本章では，地域商業振興政策を中心に地域商業政策の重要性について理解を
図る。最初に，地域商業に対する振興政策が重視される背景を学び，その歴史
的展開を把握する。次に，地域商店街活性化法や地方自治体による地域商業振
興条例の役割や意義を理解する。
　○第1節では，地域商業振興政策の歴史や地域商業の重要性について説明
　　する。
　○第2節では，近年施行された地域商店街活性化法について説明する。
　○第3節では，地方自治体による地域商業振興条例について説明する。
```

第1節　地域商業振興政策の展開

1. 地域商業振興政策の展開

　地域商業に目を向けた流通政策が行われるようになるのは，戦後の高度成長期以降であるといえる。戦前の流通政策は，社会政策的に中小零細小売業を保護する政策（百貨店法，商店法等）が中心であり，公設小売市場の開設に地域への視点がみられる程度であった。

　しかし，戦後の1960年代に入ると，1962年に**商店街振興組合法**が制定されたのを機に，1963年には**店舗等集団化事業**，**小売商業店舗共同化事業**，商店および商店街診断，広域診断事業が始められた。1964年には，**商店街近代化事業**，1967年には**小売商業連鎖化事業**が相次いで行われた。1963年には中小企業基本法が制定され，中小商業も政策対象化されるようになっていった。中小商業の中核的存在は中小零細小売業であり，自ずと流通政策の対象として，商店街が取り上げられるようになったのである。また，この時期には，都市化やモータリゼーションが進行し，都市の商店街を再整備する必要が生まれ，上記の諸施策が展開されていくのである。

　このような商店街を含む地域商業に目を向けた流通政策は，1960年代を通じて**流通近代化政策**に受け継がれていった。そして，以上のような施策は，1973年に大店法（大規模小売店舗における小売業の事業活動の調整に関する法律）とともに制定された中小小売商業振興法に集約された。

　以上の政策は商店街を中心とした地域商業を対象としたものであるが，この段階での地域商業振興政策は中小小売商業振興政策と同義であり，商店街を政策対象とするとはいえ，地域への視点はまだ弱かったといえる。地域社会への視点を色濃く有した政策の嚆矢は，通商産業省（現在の経済産業省）内の産業構造審議会（以下では，産構審と呼ぶ）流通部会と中小企業政策審議会（以下では，中政審と呼ぶ）流通小委員会の合同会議によって，1984年1月にまとめられた『80年代の流通産業と政策の基本方向』（**80年代の流通産業ビジョン**）に求めら

れる。

　同ビジョンでは，流通政策の基本方向の1つとして，「商業政策と都市政策との連携の強化」を掲げ，商店街整備事業等地域商業計画を都市計画事業と総合的に推進することによって，交通，環境問題等に対処するのみならず，大型店と中小小売店との共存共栄もはかろうとしている。また，まちづくりのリーダーとなる人材の育成も提唱している。同ビジョンでは，「流通における社会的有効性」の向上に注目し，流通とりわけ小売業が地域社会ではたす「社会的コミュニケーションの場」や地域文化の担い手としての機能に着目している。そして，同ビジョンは「コミュニティー・マート構想」を提唱し，商店街をたんなる「買物の場」から地域住民が交流する「暮らしの場」へと，その機能を高めることを企図している。

　つづいて，1989年7月に発表された『90年代における流通の基本方向について－**90年代流通ビジョン**』では，商店街の活性化には商店街の社会的・文化的機能を高めることが肝要であり，そのためには，商店街にコミュニティ施設などを敷設し，商店街の整備をまちづくりと一体的に行う必要が説かれた。

　そして，1995年6月に「我が国流通の現状と課題（中間答申）」として発表された『**21世紀に向けた流通ビジョン**』では，商業のもつ社会的側面も重視し，まちづくりと商業の連関がより積極的に提起された。同ビジョンは，90年代以降の中心市街地商業を取り巻く環境変化として，商業機能の郊外化の進展，都市間競争の進展，中心市街地の商業の低迷（中心市街地の「商業の空洞化」）まちづくりと商業の問題に対する関心の高まり，という4点を指摘し，商業を核としたまちづくりを強調した。

　このように，1980年代以降になると，中小零細小売業や商店街にとどまらず，地域社会全体を見据えた商業政策への変化が現れるようになった。そのことは，以下で述べる地域社会における地域商業の重要性が再確認されていく過程であるといえよう。

2. 地域商業の重要性

　次節でみるように，現在，中小零細小売業は減少の一途をたどり，商店街を中心に地域商業の衰退が進行している。小売機能を十分に発揮することができるにもかかわらず，地域商業が衰退することはさまざまな社会的損失をもたらすことになる。地域商業は地域において，以下のような役割を担う。

　第1に，商店街等の地域商業は地域住民に商品を安定的に供給する機能を有している。中小零細小売業や商店街等は，流通過程において消費者の最も近くに位置し，毎日の消費生活を支える「毛細血管的役割」(保田・加藤編 1994, p.7)を担っている。商店街等地域商業の衰退は，地域における「商業過疎化」をもたらし，われわれの消費生活を困難にする。なお，現在ではコンビエンスストアやスーパーが数多く存在するが，これらは，資本の論理で出店や退店を繰り返す存在であることを忘れてはならない。

　第2に，地域商業の存在は消費者の購買選択の幅を広げる。地域に多様な小売業が存在することによって，消費者は商品および店舗の両面において幅広い選択をすることができる。近年のスーパー等はスクラップ・アンド・ビルドを行い，不採算店舗や経営戦略に合致しなくなった店舗の閉鎖を進める一方で，郊外地域に巨大な商業施設の建設を推進している。店舗の閉鎖はまちの中心部で実施される傾向が強く，現在，まちの中心部でスーパー等がなくなり，また周辺の商店街がいっそう衰退する事態が進行している。この点をかんがみても，資本の論理に左右されない地域商業の存在は大きいといえよう。

　第3に，商店街等の地域商業は**徒歩購買圏**をつくりあげている。近隣の小売業が減少し，郊外型商業施設が増加することは，消費者が購買に要する時間や費用を増大させることになる。最近，居住する地域内に小売業がなくなってしまい日常の買い物に難渋する**買い物難民**問題や食品の購入難から深刻な栄養問題を引き起こす**フードデザート**問題が指摘されている。このような問題への対応には，何よりも地域商業が担う「徒歩購買圏」の維持が重要となろう。買い物難民やフードデザート問題は，高齢者に顕著に現れており，高齢化社会が進むわが国において，地域商業がはたす役割はいっそう高まっている。

以上は地域商業が有する機能のうち経済的な側面であるが，その他，地域住民が集いコミュニケーションを行う「ふれあいの場」としての役割や，祭り等の地域文化を担う役割，地域の治安や防災を担う役割，「まちの顔」としての役割等，経済的な側面にとどまらない社会的な側面も有している。

みられるように，地域社会を持続可能なものとするためには，地域商業は必要不可欠な存在なのである。それゆえ，地域商業の衰退がいっそう進行する2000年代に入って，地域商業に対する振興政策が国レベルでも，地方自治体レベルでも重視されるようになるのである。

第2節　地域商店街活性化法の制定

1.　地域商店街活性化法の制定背景

地域商店街に焦点をあてた法制度が整備される背景には，「まちづくり三法」が整備された1990年代後半以降も歯止めのかからない小零細小売業の衰退問題が存在している。1982年に172万店を数えた小売事業所数（商店数）は，1985年調査以降減少の一途をたどり，1997年には約142万店まで減少した。小売事業所数はその10年後の2007年には120万店を割り込み113万7,900店となった。小売事業所数減少の中心は就業者規模1-2人および3-4人の小規模零細層であったが，1-2人，3-4人規模の小売業の減少は，商店街の低迷を引き起こした。

1-2人，3-4人規模の小売業の減少は，商店街の低迷に直結する。実際，全国商店街振興組合連合会の「平成18年度商店街実態調査報告書」(2007年3月)によると，「衰退している」と「停滞しているが衰退する恐れがある」商店街の比率は70.3％にのぼった。従前の調査に比べて，「停滞している」に該当する回答項目が細分化されているので「衰退＋停滞」比率は下がっているが，「横ばいである」(22.9％)と答えた商店街が，これまで衰退あるいは停滞してきた延長上に位置すると捉えると，現下の商店街の置かれている状況はいっそう厳しいものであると認識することができる。そのことは，「繁栄している」と

答えた商店街が1.6％と過去最低になった点にも示されよう。

　2006年にはまちづくり三法の1つである「中心市街地活性化法」が改正されたが，新法の下でも，商店街やそれを包含する中心市街地の地盤低下が進んだ。こうした状況に対応するために，中心市街地活性化法や中小小売商業振興法とは別に，商店街に焦点をあてた独自の流通政策として，2009年7月に**地域商店街活性化法**（商店街の活性化のための地域住民の需要に応じた事業活動の促進に関する法律）が制定されることとなった。地域商業の振興が，公共政策としていっそう重要視されるようになったのである。

2. 地域商店街活性化法の内容

　地域商店街活性化法の目的は，第1条で次のように明記されている。「この法律は，商店街が我が国経済の活力の維持及び強化並びに国民生活の向上にとって重要な役割を果たしていることにかんがみ，中小小売商業及び中小サービス業の振興並びに地域住民の生活の向上及び交流の促進に寄与してきた商店街の活力が低下していることを踏まえ，商店街への来訪者の増加を通じた中小小売商業又は中小サービス業者の事業機会の増大を図るために商店街振興組合等が行う地域住民の需要に応じた事業活動について，経済産業大臣によるその計画の認定，当該認定を受けた計画に基づく事業に対する特別の措置等について定めることにより，商店街の活性化を図ることを目的とする」。

　これまで中小小売商業振興法や中心市街地活性化法が実施されてきたが，これらは中小小売商業全体や商業以外の要素も含んだ中心市街地全体を見据えるものであり，商店街のみに政策の焦点をあてるものではなかった。それゆえ，単独の法制度において，「商店街が我が国経済の活力の維持及び強化並びに国民生活の向上にとって重要な役割を果たしている」と位置づけたことは大きな意義を有している。

　同法の概要をみると，まず商店街振興組合等が商店街活性化事業を策定する。その内容は，ソフト事業も含めた商店街活動（高齢者・子育て支援，宅配サービス，地域イベント，商店街ブランド開発等）や地域のニーズに沿った空き店舗利

用，商店街の意欲ある人材の育成・確保（経済産業省 2009）等であり，これらの計画が各ブロックの経済産業局に申請され，都道府県・市町村からの意見聴取の後，認定を受けることができれば，資金や税制の支援が得られる。補助金は 2012 年度予算で約 18 億円計上されており，認定を受けた案件に対して最大事業費の 3 分の 2 が補助される。税制面でも，土地等譲渡所得の 1,500 万円が特別に控除され，商店街内の遊休土地の譲渡の促進を図ることで空き店舗対策を進めている。融資関連では，市町村による高度化融資が新設されたほか，小規模企業設備導入無利子貸付が実施される（経済産業省 2009）。

3. 地域商店街活性化法の適用事例

2012 年 11 月の段階で，全国の 103 の商店街が地域商店街活性化法の認定を受けている。地域別では，北海道 5 件，東北 19 件，関東 34 件，中部 6 件，近畿 15 件，中国 6 件，四国 2 件，九州 15 件，沖縄 1 件となっている。初年度の第 1 次認定は 15 件程度であり，その後，同法の認定を受ける商店街が増加している。

地域商店街活性化法の認定を受けた商店街の主な活動内容をみると，たとえば，熊本県熊本市の健軍商店街振興組合は，地域の高齢化率の高さを背景に，福祉・健康情報の提供と健康相談を実施するために，空き店舗を利用して「街なか図書館」や各世代が交流できるサロンを設置したり，商店街ブランドとしての「健康ブランド」商品を開発したりすること等によって，医商連携の取組みを行っている（経済産業省 2009）。また，秋田県横手市の横手駅前商店街振興組合は，地元の農家と連携し地産地消を進めるとともに，地元の農産物を生かし郷土料理の継承や新メニューを開発したり，地元のデザイナーによる子供向け教室を開催したりする等，地域色豊かなイベントを実施している（経済産業省 2009）。

103 件のいずれの事業をみても，地域が抱える課題に対して地域資源を生かすことによって解決していこうとする商店街の取組みの方向は共通している。それは，地域商店街活性化法自体が「商店街が『地域コミュニティの担い

手』として行う地域住民の生活の利便を高める試みを支援することにより，地域と一体となったコミュニティづくりを促進し，商店街を活性化」(経済産業省 2009) することを標榜し，実際の商店街の地域活性化活動に照応しているのである。

第3節　地域商業振興条例の展開

1. 地域商業振興条例の概要

近年，多くの地方自治体で地域商業の振興に関する条例が制定されている。その多くは，以下のような大型店やチェーンストアへの商店街組織あるいは地域の経済団体への加入を促進する内容を含んでいる。

①商店街において商業を営む者は，商店会へ加入すること等により商店街の活性化を図るよう努める。

②商店街において商業を営む者は，商店会が商店街の活性化に寄与する事業を行う際には応分の負担をするよう努める。

③大型店を営む者は，地域における経済団体に加入すること等により，地域活動へ参加するよう努める。

2. 地域商業振興条例の制定

1990年代以降，商店街へのさまざまなチェーンストアの出店が目立つようになった。このようなチェーンストアには，コンビニエンスストアやドラッグストア，100円均一価格店といった小売業のほか，ファストフード店やコーヒーチェーン店のような飲食店チェーンも存在する。

そして，大型店やチェーン店は，商店街内やその近隣に立地することで，商店街が生み出す集積メリットを享受するにもかかわらず，商店街組織や当該地域の経済団体に加入しないケースが多くみられる[1]。商店街組織や地元経済団体主催のイベントが行われる場合，当該組織の加入者はコストを負担しかつ人的にも協力する。イベント等が実施されると，通常高い集客効果が見込まれる

が，当該地域に立地し各種経済団体に未加入の大型店やチェーンストアはその恩恵に浴する一方で，ほとんど負担をしないことが問題とされるようになった。

　小零細小売業の減少および商店街の衰退傾向は既に説明したが，そのような傾向が進行していく下で，商店街組織の組織率の低下も進んだ。たとえば，後述するように，商店街組織への加入促進等に関する条例は東京都世田谷区で最初に制定されたが，その世田谷区における商店街組織の条例制定前の組織率は，商店街へのコンビニエンスストアやファストフード店，ドラッグストア，携帯電話販売店等チェーンストアの出店が増加した結果，50％〜60％に低下した（『日経MJ（流通新聞）2003年11月13日付）。

　このような問題を背景に，東京都世田谷区では，いち早く商店街組織（世田谷区商店街連合会）から，区に対して大型店やチェーンストア等を商店街組織に加盟させる条例の制定を要求するに至った。

　東京都世田谷区では，条例制定に向けた検討過程で，「強制的事項は法的に違法となることを確認し，努力規定の整備に向けて進めることを確認」（地方自治研究機構2011, p.30）し，2004年4月に，既存の**産業振興条例**（世田谷区産業振興基本条例）を改正することによって，大型店等の立地する地域の経済団体等への加入や地域貢献を促す条項を加えた。

　同年には，東京都江東区や港区，名古屋市において同様の条例の整備が進んだ。さらに，2005年には，東京都杉並区，板橋区など13の地方自治体で条例が整備され，東京都世田谷区の条例施行からわずか1年の間に，首都圏を中心に，地域商業振興に関する条例の整備が広がり，既存の条例を改正するのみならず，新たな地域商業振興条例を制定する動きが高まったのである。そして，2007年以降，地域商業振興に関する条例は全国的に浸透していった。

3. 地域商業振興条例の役割と効果

　それでは次に，このような地域商業の振興に関する条例の役割についてみていこう。

　第1に，条例が制定されたことによって，地域商業を重視する地方自治体

の姿勢が，大型店やチェーンストア等に対して明確に示された。実際，地方自治体が商店街等地域商業を大事にする姿勢を打ち出したことで，チェーンストア等の商店街組織等への加入が促されることになった。

　第2に，地域の商業者に対しても地域商業振興における役割が位置づけられた。具体的には，従来チェーンストア等への勧誘に熱心でなかった商店街組織自体への組織加入の勧誘の動機づけにつながった。このような条例が施行されることによって，商店街組織にも，自らの組織を強化し地域商業振興に寄与する自助努力がより強く求められるようになるのである。

　第3に，地方自治体の地域商業振興政策の連続性が確保された（植田 2007, p.83）。首長や政策担当職員が代わっても，条例に基づく基本政策は変更されないため，行政の地域商業振興に対する姿勢が継続されるのである。

　第4に，いくつかの地方自治体の条例では，地域商業振興に地域住民の役割が位置づけられた。東京都杉並区の杉並区商店街における商業等の活性化に関する条例では，「区民は，商店会及び事業者が行う商店街の活性化のための取組が区民生活の向上及び地域経済の発展に寄与することを確認し，この取組に協力するよう努めるものとする」という条項が定められている。このような規定は，あくまでも理念的であり具体性に欠けるが，従来の商業政策にはみられなかった地域商業と地域住民の連関性を明記した点で有意義なものといえよう。

　以上のような役割をもった地域商業振興に関する条例が施行される下で，実際にチェーンストア等の商店街組織等への加入も一定の成果をあげることができた。

　表8-1をみると，2008年2月から2009年12月の間に，「商店街振興組合への加入」「イベントの費用負担」「イベントへの人材派遣」がすべて増加して

表8-1　チェーンストア等の商店街活動への協力の増加

	2008年2月	2009年12月
商店街振興組合への加入	70.0%	76.0%
イベントの費用負担	47.2%	50.3%
イベントへの人材派遣	16.2%	26.1%

出所：全国商店街振興組合連合会 2010 より作成。

いることがわかる。しかしながら，一方で，地域商業振興に関する条例は全て努力義務の範囲を越えず，条例自体を知らないか，知っていても商店街組織等に加入しない大型店やチェーンストアも多いといわれている（『日本経済新聞』2007年6月7日付）。

したがって，地域商業振興に関する条例の実行には，大型店やチェーン店に対して商店街組織や経済団体の役員，地方自治体職員によって，条例の意図を説明し，加入を促す地道な働きかけが不可欠となろう。

4. 地域商業振興条例の3つのタイプ

このような地域商業の振興に関する条例は，以下のような3つのタイプに分類することができる。

第1に，商店街加入促進特化型である。このタイプの条例は，東京都渋谷区や文京区，大阪府高槻市等にみられ，チェーンストア等に，商店会等商店街組織への加入を図るよう努め，商店街組織が商店街の活性化に寄与する事業を行う際には応分の負担をするよう努めることを求めている。そして，大型店に対しては，地域における経済団体に加入すること等により，地域活動へ参加するよう努めることを要請する。このような条例は，地域商業振興に特化したものとして位置づけることができる。

第2に，産業振興（中小企業振興）型である。東京都世田谷区を嚆矢とするこのタイプの条例は，首都圏の自治体を中心に既存の産業振興条例を改正することによって，地域商業振興政策に先鞭をつける一方で，北海道帯広市（帯広市中小企業振興基本条例，2007年3月施行）や大阪府吹田市の条例のように，中小企業振興政策あるいは産業振興政策を基礎として新規に制定されている。

2000年代になって，地方自治体で産業振興条例を強化したり，新たに制定したりする傾向が生じた背景には，1999年の中小企業基本法改正があったと考えられる。改正法において，まちづくり条例や大型店出店規制等地方自治体の施策内容が国の政策と異なった場合に，地方自治体の介入する権利が確保され，中小企業や地場産業，商店街振興は地方自治体が責任を負うという図式が

形成され（吉田・井内編 2010, p.24），地域の産業振興政策等において，地方自治体の実施主体としての責務が明確化されたことによって，このタイプの条例化が推進されることとなったのである。

　第3に，地域振興型である。このタイプの条例は，東京都立川市や神奈川県藤沢市等で施行されており，商店街組織等経済団体の組織強化に収斂される第1にあげた特質を包含するとともに，大型店やチェーンストア等のみならず地域の商店街組織や商業者がはたすべき役割について，地域貢献という非経済的側面にまで拡大し位置づけている。このタイプの条例は3つの型のなかでも，比較的新しい領域を形成している。その背景として，1990年代以降におけるまちづくりの進展や，地域社会のなかで地域商業を再考する動きが増加したことがあったと考えられる。

注
1) たとえば，大阪市における商店街の会員に占めるチェーン店舗構成比 20％未満が 9.9％，20～40％未満 20.9％，40～60％未満 9.4％，60～80％未満 6.7％，80％以上 7.1％となっている（大阪市経済局 2007, p.37）。

（参考文献）
1) 足立 基浩（2010）『シャッター通り再生計画』ミネルヴァ書房。
2) 植田 忠義（2011）『フランチャイズは地域を元気にできるか』新日本出版社。
3) 植田 浩史（2007）『自治体の地域産業政策と中小企業振興基本条例』自治体研究社。
4) 植田 浩史編著（2004）『「縮小」時代の産業集積』創風社。
5) 宇野 史郎・吉村 純一・大野 哲明編著（2008）『地域再生の流通研究』中央経済社。
6) NPO法人区画整理・再開発対策全国連絡会議編（2008）『都市再生-熱狂から暗転へ』自治体研究社。
7) 大阪市経済局（2007）『大阪市小売商業実態調査報告書』。
8) 大阪自治体問題研究所編（2011）『大阪大都市圏の再生』自治体問題研究社。
9) 岡田 知弘（2009）『一人ひとりが輝く地域再生』新日本出版社。
10) 岡田 知弘・高野祐次・渡辺 純夫・西尾 栄一・川西 洋史（2010）『中小企業振興条例で地域をつくる』自治体研究社。
11) 加藤 義忠・斎藤 雅通・佐々木 保幸編（2007）『現代流通入門』有斐閣。
12) 加藤 義忠・佐々木 保幸・真部 和義（1996）『小売商業政策の展開［改訂版］』同文舘出版。
13) 加藤 義忠・佐々木 保幸・真部 和義・土屋 仁志（2000）『わが国流通機構の展開』

税務経理協会。
14) 経済産業省（2009）「地域商店街活性化法の概要」。
15) 神野 直彦・高橋 伸彰編著（2010）『脱成長の地域再生』NTT 出版。
16) 全国商店街振興組合連合会（2010）「平成 21 年 12 月時点における百貨店・チェーン店等の商店街活動への協力状況に関する調査結果概要」。
17) 地方自治研究機構（2011）『自治体法務研究』No.25。
18) 中小企業庁編『中小企業白書』各年版，ぎょうせい。
19) 中山 徹（2004）『地域社会と経済の再生』新日本出版社。
20) 福川 裕一・矢作 弘・岡部 明子（2004）『持続可能な都市』岩波書店。
21) 保田 芳昭・加藤 義忠編（1994）『現代流通入門』有斐閣。
22) 矢作 弘（2009）『「都市縮小」の時代』角川書店。
23) 矢作 弘・瀬田 史彦編（2006）『中心市街地活性化三法改正とまちづくり』学芸出版社。
24)『日本経済新聞』。
25)『日経 MJ（流通新聞）』。

第9章 大型店撤退問題

本章の構成
　第1節　大型店問題
　第2節　大型店に対する政策の経緯
　第3節　大型店撤退と地域再生に向けて

> **本章のポイント**
>
> 　大型店の出店および撤退に関わる問題は，都市・地域における大型店と中小小売店との小売競争に関わる経済問題のみならず地域間競争まちづくりに関わる社会経済問題である。本章では，大型店撤退に関わる基本的な問題や知識について学習する。
> 　○第1節では，大型店出店・撤退の実態を明らかにする。
> 　○第2節では，大型店に対する政策の経緯を明らかにする。
> 　○第3節では，大型店閉店・撤退とその対応策を提示する。

第1節　大型店問題

1. 大型店問題

　近年，全国の地方都市では人口流出，少子高齢化，モータリゼーションの進展等によって，駅前や都心部に立地する商店街が衰退するに伴い中心市街地の空洞化の傾向がみられる。他方では，人口・住宅の郊外への移転，大規模商業施設（以下，大型店）や病院・福祉施設などの公的機関の外部移転に伴い都市機能の郊外化が進展してきている。

　大型店はその出店を増加させながら郊外出店へとシフトさせ，それに伴ってオーバーストア状況が続いている。それと同時に，大型店の閉鎖・撤退が，市内中心部や郊外においても相次いでおり，消費者の買い物をはじめ地域の雇用や税収ならびに地域や「まち」そのものに大きな影響を与え，特に中心市街地の空洞化に拍車をかけるなど社会経済的問題としてクローズアップされてきている。

　大型店の出店に関しては，**大規模小売店舗法**（以下，**大店法**）による中小小売店との需給調整視点からの経済的審査が義務づけられていたし，**大規模小売店舗立地法**（以下，**大店立地法**）による生活環境の保持の視点からの社会的審査が義務付けられている。一方，大型店の撤退・閉鎖に関する法的な手続きとしては大店立地法第6条（変更の届出）5項のなかで，（店舗面積1,000m^{2}以下にするものに対して）廃止届出を提出するように定められているが，その場合でも，時期の指定はなく，事前に行政や住民に告知する機会も設けられておらず，休業中の店舗や届出が出されていないまま廃止されている店舗も存在する（井上・中山 2002, p.739）。

　大型店問題は，都市・地域における大型店出店に関わる大型店と中小小売店との小売競争の激化に伴う経済的問題から，近年では大型店出店が郊外化へシフトしながら，他方では**大型店閉店・撤退**による**中心市街地の空洞化**を引き起こすなど，「まち」ならびに地域経済に関わる社会経済問題へと進展してきて

いる。

そこで，以下，『全国大型小売店総覧』から大型店出店状況と大型店撤退状況をみていこう。

2. 大型店出店

(1) 大型店出店状況

大型店の新規出店を，2002年から2010年までの過去9年間の推移でみると，2002年（436件），2003年（585件），2004年（719件）と急増し，それをピークに2005年から2008年にかけて横ばいで推移し，それ以降は減少傾向にあることがわかる（図9-1）。

次に，2011年5月現在の大型店数（19,216店）を店舗面積別にみると，1,000㎡以上2,000㎡未満の店舗は6,980店(36.3%)で，全体の約3割5分以上を占めており，次いで2,000㎡以上3,000㎡未満の店舗が4,007店(20.9%)となっており，3,000㎡未満の店舗で全体の約5割5分以上を占めていることがわかる。以下，3,000㎡以上4,000㎡未満の店舗が1,834店(9.5%)，4,000㎡以上5,000㎡未満の店舗が1,333店(6.9%)，5,000㎡以上6,000㎡未満の店舗が914店(4.8%)，6,000㎡以上8,000㎡未満の店舗が1,129店(5.9%)，8,000㎡以上10,000㎡未満の店舗が736店(3.8%)となっている。また10,000㎡以上の大型店は，10,000㎡以上20,000㎡未満の店舗の1,472店(7.7%)をはじめ2,283店(11.9%)を占めている（図9-2）。

最近の大型店出店の特徴としては，全体の約半数ともいえる44.9%（1991年以前）の割合を占めていた1,000 m² 超2,000 m² 未満の店舗が，33.3%（1992～2001年），29.6%（2002～2010年）とその割合を減少させているのに対して，3,000 m² 以上の店舗の割合が37.4%（1991年以前），44.5%（1992～2001年），47.9%（2002～2010年）と増加傾向にあり，出店の大型化が進んでいるといえる。このことは，**借地借家法**の改正や都市計画法の改正に関わる土地利用の柔軟化，商業集積形態としてのショッピングセンターの増加，大型店の郊外立地傾向等に関係しているものと考えられる。

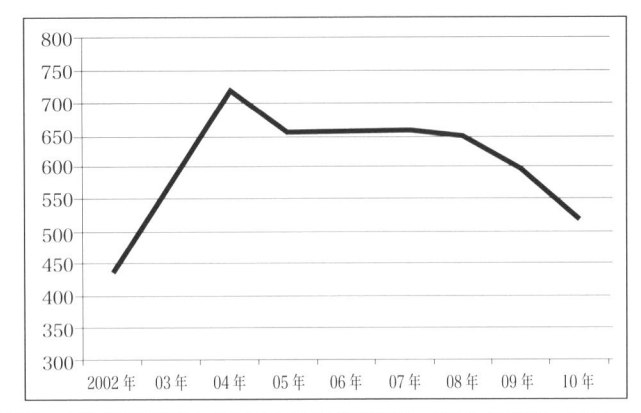

図9-1 大型店の新規出店数の推移

出所:東洋経済新報社『全国大型小売店総覧 2012年度版』2011, p.21。

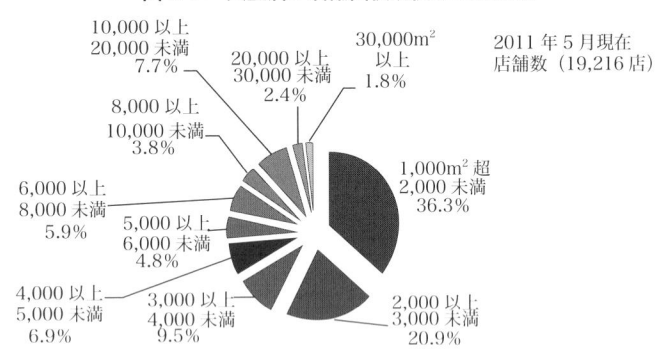

図9-2 大型店の店舗面積規模別の店舗数

2011年5月現在
店舗数（19,216店）

- 10,000以上20,000未満 7.7%
- 20,000以上30,000未満 2.4%
- 30,000m² 以上 1.8%
- 8,000以上10,000未満 3.8%
- 6,000以上8,000未満 5.9%
- 5,000以上6,000未満 4.8%
- 4,000以上5,000未満 6.9%
- 3,000以上4,000未満 9.5%
- 2,000以上3,000未満 20.9%
- 1,000m²超2,000未満 36.3%

出所:東洋経済新報社『全国大型小売店総覧 2012年度版』2011, p.21。

（2）大型店の立地形態別の出店状況

　大型店の出店を立地別に市街地への立地（ターミナル型，商店街型，駅前・駅近辺型）と郊外への立地（郊外住宅街型,郊外幹線道路沿型）に分けてみると，まず，ターミナル型,商店街型，駅前・駅近辺型にある市街地立地型店舗は，「その他」を度外視すると，2002年が11.3%，2010年が10.9%となっており，大型店立地状況としては少なく，その割合もわずかに減少している（図9-3）。

図9-3 大型店の立地形態別の店舗数割合の比較（2002年/2010年）

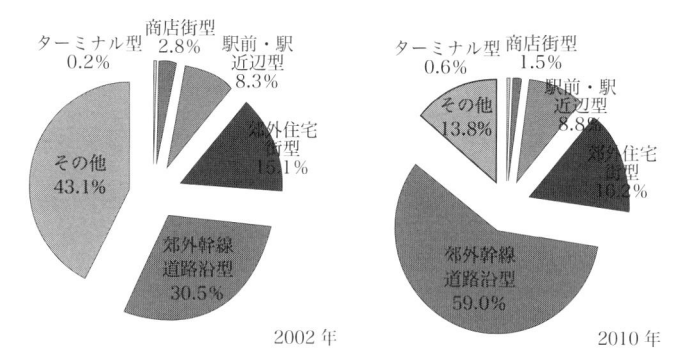

2002年
- ターミナル型 0.2%
- 商店街型 2.8%
- 駅前・駅近辺型 8.3%
- 郊外住宅街型 15.1%
- 郊外幹線道路沿型 30.5%
- その他 43.1%

2010年
- ターミナル型 0.6%
- 商店街型 1.5%
- 駅前・駅近辺型 8.8%
- 郊外住宅街型 16.2%
- 郊外幹線道路沿型 59.0%
- その他 13.8%

出所：東洋経済新報社『全国大型小売店総覧　2012年度版』2011, p.22。

図9-4 大型店の立地形態別の店舗数

出所：東洋経済新報社『全国大型小売店総覧　2012年度版』2011, p.22。

　また，2002年から2010年までの9年間の推移をみると，駅前・駅近辺型の店舗が2004年ないし2005年をピークに減少傾向を示していることなどから，市街地立地型大型店の立地状況は，2005年以降，減少傾向にあり，今後もしばらくは続くと考えられる（図9-4）。

　次に，郊外住宅街型，郊外幹線道路沿型にある郊外立地型店舗は，「その他」

を度外視すれば，2002年は45.6%，2010年は75.2%と全体に占める割合が高く，その割合の推移もかなり増加している（図9-3）。

また，2002年から2010年までの9年間の推移をみると，郊外住宅型は2006年をピークに緩やかな減少傾向にあるが，郊外幹線道路沿型店舗は，2002年から2004年に増加し，2004年から2007年まで減少し，2007年を境に2008年度は243件，2009年度は279件，2010年度は307件と再び増加傾向をみせている（図9-4）。

以上のことから，市街地立地の代表的形態であった駅前・駅近辺型店舗については，2005年をピークに減少が始まり，大型店の市街地への立地状況には陰りが見え始め，それに対して，2007年を境とする郊外幹線道路沿型店舗の増加により，大型店出店の郊外化は決定的になったといえる。そして，今後も大型店出店の郊外化の傾向は続くと考えられる。

3. 大型店撤退

（1）大型店撤退の実態

近年，都市中心部に立地する百貨店・スーパーなど大型店の撤退が増加している。現実には，2000年に長崎屋，そごう，2001年にマイカル，壽屋，2004年にダイエーと全国的に展開している大手小売企業の経営破綻を契機に，各地で大型店閉鎖・撤退が相次いだ。そうしたなか，都市部では大型店撤退が中心市街地の空洞化の大きな要因となっている（中条2007，p.177）。

九州地区では，これまでダイエー，壽屋，ニコニコドーといった全国・地場の大手小売企業の倒産が相次いだために，閉店に至った店舗は相当数に達している。これらの倒産は，地域経済に深刻な打撃を与えるところから，地元経済界や商工会議所が働きかけて，撤退跡地にいわゆる**「居抜き」出店**する事例が多く発生したことも，九州地区の特徴となっている。たとえば，2002年1月に倒産した壽屋の場合は，倒産当時の壽屋の閉鎖店舗数は134店舗であったが，業態変更や居抜き出店等で，跡地の店舗による営業を継続しえた店舗数が約3分の2にものぼり，実質的に閉鎖に至った店舗は40数店舗であった（濱

（2）大型店撤退の規模別・立地別状況

　大型店撤退状況を大店立地法施行後 8 ヶ月経過した 2001 年 2 月から 2007 年 3 月迄の 74 ヶ月間に撤退した 733 店舗を対象に面積規模別・立地別にみていこう。大型店の撤退状況を面積規模別でみると，大型店のなかでも 1,000 〜 2,000m^2 の店舗の撤退が 40.9％ で最も多い。次いで 2,000 〜 3,000m^2 が 16.4％，5,000 〜 10,000m^2 が 15.8％，3,000 〜 5,000m^2 が 14.5％，10,000 〜 20,000m^2 が 10.1％，20,000m^2 以上が 1.2％ となっている。つまり 1,000 〜 5,000m^2 の店舗が 7 割以上を占めており，大型店のなかでも相対的に小規模な店舗の撤退が多いが，10,000m^2 以上の店舗も 11.3％ を占めていることがわかる（図 9-5）。

　次に大型店の撤退状況を立地別でみると，「その他」を度外視して，市街地に立地した商店街型が 24.1％，駅前・駅近辺型が 15.1％，両者で 39.2％ のシェアを示している。それに対し，郊外に立地した郊外道路沿型が 23.5％，郊外住宅地街型が 17.7％，両者で 41.2％ のシェアを示している。したがって，実

図 9-5　面積規模別大型店の撤退状況　　**図 9-6　立地別大型店の撤退状況**

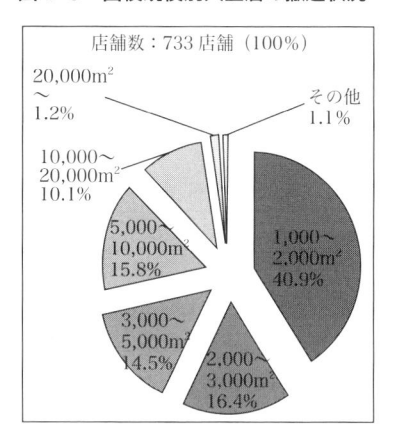

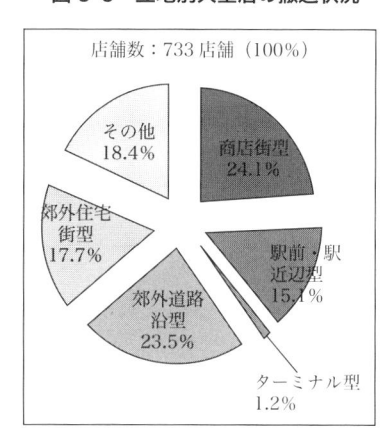

(注) 撤退店舗数は，大店立地法施行後 8 ヶ月経過した 2001 年 2 月から 2007 年 3 月迄の 74 ヶ月間に撤退した 733 店舗を対象に，面積規模別・立地別に分類したもの。
出所：東洋経済新報社『全国大型小売店総覧』各年度版より作成。

質的には，大型店の撤退は，郊外型が市街地型をわずか上回っているが（濱内・岩永 2009, pp.122-123）（図 9-6），大型店の出店状況と撤退状況を比較した相対的評価でみると，市街地型の撤退傾向が高くなっているといえる。

また，中心市街地における大型店の空き店舗実態調査（経済産業省）によれば，中心市街地にある 911 店舗のうち，営業中の大型店は 595 店舗（65.3％），閉鎖されて空き店舗になっているものが 214 店舗（23.5％），空き店舗の後，解体されて跡地になっているものが 102 店舗（11.2％）との報告がある。つまり，中心市街地にある大型店のうち，空き店舗や解体後のさら地が 34.7％に達しており，それだけ中心市街地の空洞化がうかがえる（経済産業省 2008）。

（3）大型店撤退の立地・規模別特徴

大店立地法施行後，大型店の出店の特徴は，第 1 に，店舗面積の需給調整が廃止されたことによって立地面積が巨大化してきたこと。第 2 に，借地借家法の弾力化措置によって新たに設定された事業用定期借地権を活用した借地による出店のケースが一般化してきたことである。これらの特徴は，一連の規制緩和の潮流のなかで定着してきたものであり，米国や欧州などの先進諸国からの強力な参入規制廃止の要求により事実上の市場開放がなされたという経緯によるものである。

借地を利用した出店戦略は，大店立地法への移行後の特徴であった。事業用定期借地権は，2007 年の借地借家法の改正により 10 年からの契約が可能となり，大型店の出店に際して巨額の費用を投じて土地を確保する必要性が薄れ，借地による出店すなわち土地の所有と利用の分離が一挙に進展することになった。同時にまた，従来の借地契約とは異なり，更新不可のため将来の一定期間経過後，確実に返還の時期が到来することも明らかになったのである。

かくして，最近の大型店の立地動向は，一方では，広大な敷地面積の確保の観点から，都市計画法に規定された用途地域のエリアを踏み越えて，**農地法**の規定にまで抵触する立地のケースがみられ，他方では，売上高・採算ベース等の悪化によって，契約満了前の早期に閉店や撤退する多くの事例が報告されている。こうした大型店の撤退がひとたび発生した場合には，単なる「**まちづくり**」

問題にとどまらず，農地の改廃や用途地域の乱用等によって地域経済に計り知れないほどの損失をもたらす恐れがある。現実に大型店撤退は，立地別にみて，商店街型や駅前・駅近辺型の市街地にとどまらず，郊外に立地した郊外住宅型や郊外道路沿型にも共通してみられる現象である（濱内・岩永2009，pp.120-121）。

ともあれ，大型店問題は，初期の頃は大型店出店に関わる大型店と中小小売店との調整を巡る問題であり，大店法に基づく経済的視点からの調整政策の問題であった。しかし，最近の大型店問題は，大型店出店に関わる地域間・都市間競争の問題ならびにそれに伴う大型店閉店・撤退に関わる商店街の衰退や中心市街地の空洞化による大型店撤退問題ないし「まちづくり」問題という社会経済問題へと拡大している。そのために，これらの措置は，大店立地法をはじめ**改正都市計画法**や**中心市街地活性化法**，いわゆる**まちづくり三法**に基づく社会経済視点からの調整政策と振興政策の総合問題へと展開していった。そこで第2節では大型店に対する政策の経緯を概説しておこう。

第2節　大型店に対する政策の経緯

1.　大型店問題とその関連法

大型店に関わる政策は，百貨店法・大店法・大店立地法など日本の伝統的商業政策として展開されてきた。戦前・戦後の百貨店法は，当時唯一の大型店である百貨店と中小小売店との調整を通して商業の発展ひいては国民経済の発展を図るものであり，実態としては百貨店の新設・増床に対する許可制という百貨店を厳しく規制するものであった。

高度経済成長期に入ると，政府による積極的な流通近代化が推進され，総合スーパー等の新興大型店の出現による小売競争の激化が，中小小売商業振興法と大店法という小売二法を成立させた。つまり，一方では中小小売店の発展を支援する中小小売商業振興法が振興政策として，他方では大型店と中小小売店を調整するために大型店を規制的に調整する大店法が調整政策として，セット

されて展開されてきたのである（番場 2011, p.17）。このうち，大店法は，大型店と中小小売店との経済的調整を目的とした**条件付き届出制**であったが，実態としては大店法成立から 1980 年代前半までは大型店出店を厳しく規制する側面が強かったが，1980 年代後半からは国際化の進展に伴う規制緩和によって大型店規制も緩和されてきた。

　1980 年代後半からの国際化の進展と流通規制緩和は，小売部門における競争を激化させ，近代的小売業態の発展・成長と伝統的中小小売業の衰退・減少を引き起こし，同時にまた小売競争は従来の大型店と中小小売店との競争だけでなく都市間・地域間競争を伴って展開していった。こうした背景には，交通体系の整備や**モータリゼーション**の進展による住宅・事務所等の都心から郊外・近郊都市への移転に伴って，小売商業集積も都心の駅前・バスセンターや中心市街地からロードサイド地域や郊外・近郊都市に広域化していったという事情がある。その結果，都心の駅前・バスセンターや中心市街地に立地している伝統的中小小売業が衰退・減少し，それに伴う商店街の空き地・空き店舗の恒常化により，中心市街地の空洞化が引き起こされているのである。

2. まちづくり三法

　1990 年代になるといっそうの規制緩和による大型店の郊外立地が進み，商店街の空き店舗や空き地の恒常化による中心市街地の空洞化がいっそう進展していった。その結果，これまでの調整政策と振興政策からなる小売二法による流通政策に限界がみられ，1998 年 5 月に「まちづくり三法」が制定され，流通政策の転換を余儀なくされることになった。

　まちづくり三法の趣旨は，大型店立地の是非は改正都市計画法，周辺地域の生活環境の保全は大店立地法，まちなか再生は中心市街地活性化法で行うことにあった（宇野 2011, pp.30-31）。

　まず大店立地法は，大型店出店に対して地域社会の環境調整を対象にしたものであり，従来の大店法による経済的規制に比べて，社会的規制として画期的なものであったが，法の趣旨として調整政策の範疇に属するものである。

また，中心市街地活性化法は，中心市街地の急速な空洞化に対応して，これらの再生や復活の視点から施策を講じようとしたものであり，大店立地法とは異なり，振興政策の系譜に属するものとなっている。

　さらに，改正都市計画法は，市街地の土地利用に際して従来の用途地域を補完する特別用途地区の設定で，規制誘導の姿勢を前面に押し出した点が大きな特徴となっている。こうした改正都市計画法は，中心市街地活性化法による市街地の活性化や「まちづくり」の視点からの施策とは必ずしも整合したものとはいえず，大店立地法と同様に調整政策の範疇に属するものとして位置づけられている。

　ともあれ，まちづくり三法は，調整政策と振興政策という二つの相反する方向を踏まえたうえで，齟齬をきたすことのない施策が講じられなければならなかった（濱内・岩永 2009，p.106）。

3.「まちづくり三法」の改正

　前述のように，「まちづくり三法」が制定されたが，その後も大型店の郊外立地や商店街の衰退などにより中心市街地の空洞化が進展している。その背景には，中心市街地活性化法に基づく活性化策の実効性が発揮されず，改正都市計画法による大型店の立地調整機能が弱いなどまちづくり三法自体の不備も指摘され，さらに中心市街地活性化法と改正都市計画法を連携させた運用がなされなかったという事情があげられる（横内 2006，pp.4-7）。

　そのために，新たにまちづくり三法が改正された。このうち，中心市街地活性化法の改正は，実効性のある活性化事業，市街地への都市機能の集約をあげている。市街地への都市機能の集約に関しては，市街地での質の高い生活の確保という側面から，商業の活性化やハード面の整備に留まらず，多様な都市機能の中心市街地への集約を行う**コンパクトシティ**[1]の考え方が提唱された。具体的には，中心市街地への居住等の促進，中心市街地整備推進機構の拡充，中心市街地への大型店出店の促進等があげられる。

　なお，中心市街地活性化法とは別に，商店街や中心市街地の地盤低下が進行

したために，商店街に焦点をあてた独自の流通政策として，2009年7月に**地域商店街活性化法**（商店街の活性化のための地域住民の需要に応じた事業活動の促進に関する法律）が制定され，同年8月から実施されている。

次に改正都市計画法の改正は，適正な立地誘導策として，大規模集客施設（大型店以外，サービス店等を含む）の立地調整の仕組みを適正化し，郊外への都市機能の拡散を抑制するものであった。具体的には立地規制の厳格化，広域調整の仕組みの整備，公共公益施設の中心市街地への誘導などがあげられる（横内 2006, pp.8-10）。

さらに大店立地法については改正されなかったが，まちづくり三法が見直されるなかで大型店の社会的責任への関心が高まり，第4条の指針改定（2005年1月）が行われる際，大型店の社会的責任として地域貢献の必要性が提起されることになった。

4. 大型店の社会的責任としての地域貢献への取り組み

大型店の社会的責任について，産業構造審議会流通部会等の中間報告「コンパクトでにぎわいあふれるまちづくりを目指して」（2005年12月）では，大型店の社会的責任の一環として，大型店が**まちづくり**に自ら積極的に対応すべきとされている。さらに事業者による**中心市街地**の活性化への取り組みについて中心市街地活性化法第6条に責務規定が定められるなど，まちづくりへの貢献に関する自主ガイドラインの策定に取り組んでおり，個々の事業者においても自主的な取り組みを行うことが強く期待されると指摘されている。業界サイドでは，日本チェーンストア協会（2006年6月），日本百貨店協会（2006年12月），日本ショッピングセンター協会（2007年1月），日本フランチャイズチェーン協会（2009年1月）などでガイドラインの策定が行われている。

行政サイドでは，熊本県がいち早く「大型店の立地に関するガイドライン」（2005年12月）を策定した。そこでは，豊かな地域コミュニティを構築していくために，大型店に対して企業の社会的責任としての主体的な地域貢献を求めるとともに，地域住民との充分なコミュニケーションによる連携のもと，地域

の実情に即した形で地域貢献を進めることを要請している（宇野 2011, pp.32-33）。

また，福島県は，「広域のまちづくりの観点から特定小売商業施設を適正に配置するとともに，地域貢献活動を促進する」ことを目的として，2005 年に大型店に対する出店規制の条例である「商業まちづくりの推進に関する条例」を全国で初めて制定している。この条例は，①小売商業施設の立地ビジョンとなる「商業まちづくり基本方針」であり，特定小売商業施設（店舗面積 6,000 平方メートル以上の小売商業施設）を集積させるとともに，郊外への特定小売商業施設の立地を抑制する。②特定小売商業施設の立地についての広域の見地から調整する。③特定小売商業施設の地域貢献活動を促進するという3つの柱からなっている（金倉 2012, p.58）。

しかしながら，大型店の社会的責任については，企業側の自主性や行政によるガイドライン程度では充分な効果を発揮できるとは思われない。大型店閉店ないし撤退による中心市街地の空洞化によって地域経済が疲弊していくなかで，大型店が単に買物利便性効果を提供するだけではなく，より地域経済の振興に寄与すべく制度を確立することが必要である。

ともあれ，大型店問題は，大型店出店に関わる大型店と中小小売店との経済的調整の問題から大型店の郊外出店ならびに大型店閉店・撤退による商店街の衰退やそれに伴う中心市街地の空洞化という社会的問題へと展開してきている。したがって，最近の大型店問題では，大型店閉店・撤退問題による中心市街地の空洞化を解消するための地域経済の再生が最重要課題としてクローズアップされてきている。そこで，次節では，大型店閉鎖・撤退に関わる対策を考察していこう。

第3節　大型店撤退と地域再生に向けて

1．大型店撤退とその再活用の事例

　大型店の出店・撤退に関わる法律として成立した「まちづくり三法」は，中心市街地の空洞化に歯止めをかけるものとして注目されたが，その効果をあげ

ている事例は多くはない。それどころか中心市街地に立地する大型店の相次ぐ撤退が中心市街地の空洞化をいっそう加速させている。このような大型店閉店・撤退による中心市街地の空洞化に対して，どのような対策を施し，その中心市街地を回復ないし再生するのかは重要な課題である。以下，大型店閉店・撤退後の大型店の転用・再生の方向として，次のような事例があげられる。

　第1に，居抜き出店の事例である。この事例は比較的多く，最小限の内装変更で単数の大型店あるいは複数の小売店舗が空き店舗を埋めていく場合である。なお，百貨店撤退と総合スーパー撤退とでは立地場所や建物施設等の差異により大型店転用・再生に差異がみられる。

　次に中心市街地の利便性を活用して，自治体が居抜き出店後に残った空フロアを補填するため，フロアの一部をパスポート発行窓口や市役所出張窓口などの公共施設として利用する事例がみられる。これは，民間での転用がうまくいかない場合の次善の策として行われることが多い。たとえば，新潟県長岡市の「市民センター」は，駅前通りの大型店（ザ・プライス丸大）跡を利用した施設で，市民サービスセンター・観光情報コーナー・会議室・職業紹介・一時保育施設などで構成されている。

　第2に，マンションやホテルなど住居施設への転用の事例もある。たとえば，栃木県佐野市では，大型店（旧十字屋）が民間高齢者ケアホームに転用された。一方，建物解体は築年の古い店舗で多くみられ，中心市街地立地の利便性を生かしマンションに建て替えられる事例も多くみられる（中条 2007, pp.179-182）。

　第3に，行政が公共事業の一環として公園ないしグランドならびに駐車場等の公共施設を設置し，広く市民の憩い場として活用する事例もみられる。

2. 大型店撤退と地域再生に向けて

　大型店閉店・撤退問題は全国の多くの都市が抱えている問題であり，大型店閉店・撤退により核店舗不在となった大型商業施設の再生は，中心市街地活性化にとって最重要課題の1つとなっている。

大型店閉店・撤退後の中心市街地活性化ないし地域再生に向けての解決策の1つは，撤退した大型店と同規模の大型店を入店させる「居抜き出店」である。たとえば，大都市の駅前など立地条件の良い場所には老舗の百貨店に代わって他の百貨店ないし新興小売業態の専門量販店やディスカウントストアがキーテナントとして進出している事例がある。しかし，3大都市圏の立地条件の良い店舗以外では非常に難しい状況にあり，地方都市の店舗については立地条件や複雑な不動産の権利関係などが要因になって誘致が難航している。したがって，特別にユニークな店舗を出店させない限り大型店閉店・撤退の跡を別の大型店で埋めるということは，難しい状況にあるといえる。

　次に，大型店閉店・撤退後の空き店舗・空き地の活用策としては，商業施設以外にサービス，娯楽施設，公共施設等さまざまな施設を組み合わせた複合型大規模集客施設の事例があげられる。現代の成熟社会においては，人々のニーズや生活が多様化し豊かになってきているために，人々が集まる中心市街地には，中心市街地の利便性とそのネットワークを生かしつつ，商業施設だけでなく飲食・アミューズメント・エンターテインメント・カルチャー等の新潮流ビジネスにより都市生活をより豊かにする複合型大規模集客施設として再生されることが期待されている。この複合型大規模集客施設は，時間消費型に加え，生活堪能型と呼べるような都市生活全般のニーズに対応するものである。これは，今までの中心市街地の核となる集客施設としての商業施設が，新たな複合型大規模集客施設として再生されるということであり，魅力的な新潮流ビジネスを創造することによって，中心市街地活性化に寄与する施策として期待される（経済産業省商務流通グループ流通産業課中心市街地活性化室 2004, pp.114-121）。

　さらに，商業・教育・医療等のサービス利便施設が集中している中心市街地は，マンションやホテルなどの住居・宿泊施設への転用の事例があげられる。特に居住地としてその優位性が見直され，マンション等の立地に基づく居住人口の回復による都心回帰の傾向が現れている。それと同時に公的交通機関が交差したアクセス利便に基づいたホテルの立地によるビジネス・観光客の増加をもたらすなど集客増加による賑わいを回復することも期待できる。

そのうえに，ビジネス業務や集客施設が集まる中心市街地にアクセス手段の駐車場・駐輪場の施設を確保しながら環境に優しい癒し・安らぎの自然空間として公園・グランドなどの社会基盤施設を設置することも公共政策の立場から必要であろう。

　ともあれ，中心市街地の大型店閉店・撤退後の転用ないし再生には，小売店舗，サービス施設，マンション・住居やホテル等の建物から公園・グランド，駐車場等の土地利用までの代替案が考えられる。その場合，これら小売店舗・サービス施設等の建物や公園・駐車場等の土地利用は，民間レベルでの再生をベースとしながらも，それが難航した場合には，行政のバックアップが効果的であろう。

注
1) コンパクトシティ（英：Compact City）とは，都市的土地利用の郊外への拡大を抑制すると同時に中心市街地の活性化が図られた，生活に必要な諸機能が近接した効率的で持続可能な都市，もしくはそれを目指した都市政策のことである。日本ではコンパクトシティの推進事例として青森市，富山市等が公式に取り入れている。
　　コンパクトシティの発想は，市街地の拡大を抑制し，都市機能を中心部に集積することで，職住接近により自動車の利用を減らし，環境改善を図るほか，行政コストを抑え，中心市街地の衰退を防ぐなど，少子化で人口増加が頭打ちになり，成熟した都市の活力を保持していく政策として注目されている（Wikipedia）。
　　http://ja.wikipedia.org/wiki/%E3%82%B3%E3%83%B3%E3%83%91%E3%82%AF%E3%83%88%E3%82%B7%E3%83%86%E3%82%A3

（参考文献）
1) 井上芳恵・中山徹（2002）「大型店撤退に関する研究－撤退大型店の特徴及び行政の対応策－」『日本都市計画学会論文集』。
2) 中条健実(2007)「駅前大型店の撤退と再生―地方都市の旧そごうの事例―」荒井良雄・箸本健二編『流通空間の再構築』古今書院。
3) 濱内繁義・岩永忠康（2009）「大規模集客施設をはじめとする郊外開発の規制誘導に関する研究」佐賀大学経済学部地域経済研究センター『人口減少社会における社会資本整備のあり方に関する研究』（地域経済研究センター調査研究報告書 No.24）。
4) 経済産業省（2008）『不動産の所有と分離とまちづくり会社の活動による中心商店街区域の再生について』。
5) 番場博之（2011）「『流通政策の転換と地域流通』について」日本流通学会編『流通』No.28。
6) 宇野史郎（2011）「まちづくり三法の改正と地域流通―大型店の地域貢献と雇用効果の視点を中心に―」日本流通学会編『流通』No.28。

7）横内律子（2006）「まちづくり三法の見直し」『調査と情報』第 513 号。
8）金倉 忠之「地域視点からの大型店出店問題と地方自治体の規制手法」p.58。
http://www.lib.kitami-it.ac.jp/files/pdf/humanscience/vol_5_3.pdf （2012 年 3 月 14 日のアクセス）
9）経済産業省商務流通グループ流通産業課中心市街地活性化室（2004）「Ⅷ　社会潮流の変化に対応した大型閉鎖店舗活用の新たな可能性」『講義テキスト / 社会経済系』。
http://www.meti.go.jp/report/downloadfiles/ji04_10_10.pdf（2013 年 3 月 23 日アクセス）
10）東洋経済新報社『全国大型小売店総覧』各年度版。
11）産業構造審議会流通部会・中小企業政策審議会経営支援分科会商業部会 / 同会議中間報告（2005）「コンパクトでにぎわいあふれるまちづくりを目指して」。
http://www.meti.go.jp/policy/sme_chiiki/town_planning/h23_pamphlet_senryaku.pdf（2013 年 3 月 23 日アクセス）

第10章 酒類小売政策

本章の構成
　第1節　酒類小売業界を取り巻く環境変化
　第2節　規制緩和が小売業態に与えた影響
　第3節　酒類小売規制の緩和による酒類小売構造の変化

本章のポイント

　酒類販売においては，1989年6月から酒類小売業免許の規制緩和が開始され2006年8月末に原則自由化された。他方，酒類販売数量は1996年度をピークとして，規制緩和が本格化し酒類取扱店舗数が増加する中で減少を続けている。そこで，この章では，需要停滞下の規制緩和が各小売業態の酒類販売にどのような影響を与えたかについて学習する。

○第1節では，酒類小売規制緩和の歴史について学ぶとともに，酒類小売価格の変遷について学習する。

○第2節では，酒類販売の小売業態別シェアの推移について統計資料に基づいて確認し，酒類小売規制の緩和が小規模酒販店，コンビニエンスストア，食品スーパー，酒類量販店という酒類小売業態の盛衰に与えた影響について学習する。

○第3節では，まとめとして，酒類小売規制の緩和が酒類小売構造に与えた影響について整理する。

第 1 節　酒類小売業界を取り巻く環境変化

1．酒類小売規制の緩和

　酒類の販売は1938年4月に「酒造税法」の改正により免許制が導入され，1940年3月制定の「酒税法（旧法）」，1953年2月制定の**酒税法（現行法）**」へと受け継がれてきた。1959年3月には「酒税法」が改正され，酒類販売業免許は卸売業免許と小売業免許に分離された。

　その後，酒税法には具体的な規定がないにもかかわらず，長い期間にわたって需給調整要件による酒類小売規制が行われてきた。酒類小売規制の緩和を促す動きは，1983年3月の臨時行政調査会（第2臨調）「行政改革に関する第5次答申：最終答申」に始まり，1988年12月の臨時行政改革推進審議会（新行革審）「公的規制の緩和等に関する答申」によって，その方向性が規定された。

　この答申を受けて，国税庁は1989年6月に**酒類販売業免許等取扱要領**を改正し，規制緩和を進めた。①店舗面積10,000㎡以上の大規模小売店舗の特例免許として，単年度において各都道府県人口の200万人につき1場付与する。②世帯基準にかえて人口基準を導入する。その基準人口は，A地域（東京都特別区，人口30万人以上の市，または可住地人口密度が3,000人／k㎡以上の市町村）1,500人，B地域（A地域以外の市，または可住地人口密度が1,200人／k㎡以上3,000人／k㎡未満の町村）1,000人，C地域（上記以外の地域）750人として，審査順位は抽選とする。③人口30万人以上の都市の国税局長が指定する主要駅から500m以内にある商業地域における距離基準を50mに緩和。④通信販売酒類小売業免許の新設。

　酒類小売規制の緩和が開始された1980年代後半には並行輸入された洋酒の低価格販売が目立つようになり，また1990年10月にはビールの希望小売価格は参考価格である旨をメーカーが表明するなど，1990年代前半は酒類量販店が急速に成長した時期である。

　このような環境変化の中で，国税庁は1993年7月に「酒類販売業免許等取

扱要領」を改正した。この改正は同一申請者からの同一小売販売地域内への複数の申請の制限，営業の譲受けは販売場の位置が同一であること，譲受けに伴い既存の販売場の面積が著しく増加する場合は新規に免許を申請することなど，酒類量販店の新規出店の抑制が主眼とみられる（中西 1997, p.12）。

その後，1995年3月に閣議決定「規制緩和推進計画について」，1995年12月には行政改革委員会「規制緩和の推進に関する意見（第1次）－光り輝く国をめざして－」において，酒類小売業免許自由化に向けた基本的方向が示される。1997年6月には，中央酒類審議会「酒販免許制度等の在り方について」において需給調整要件の廃止を提言，そして，1998年3月には「規制緩和推進3か年計画」が閣議決定され，同時に国税庁が「酒類販売業免許等取扱要領」を改正し，1998年9月から適用されることになった。

同要領では，①**距離基準**は2000年9月廃止（その後の閣議決定により，2001年1月から実施に変更）。②**人口基準**は段階的に緩和し，2003年9月に廃止と決められた。しかし，2003年7月になって「酒類小売業者の経営改善などに関する緊急措置法（**酒類小売業緊急措置法**）」が2年間の時限立法として成立，競争激化地域での新規参入制限が認められることになった。その後，酒類小売業緊急措置法は2005年7月に2006年8月までの延長が決定された。そして，2006年8月末に緊急調整区域は撤廃され，酒類の小売販売はすべての地域で原則自由化されることになった。現在は，人的要件や経営基礎要件などの一定の要件を満たせば免許の取得が可能となっている。

2. 酒類小売価格

酒類小売価格は1939年9月に統制価格となって以来，長らく価格の統制が続けられていたが，1960年10月に「基準販売価格」制度が導入された。**基準販売価格**とは大蔵大臣（現財務大臣）が標準的な原価や適正な利潤を基礎に定める価格である。その後，1964年6月には国税庁が基準販売価格の廃止を告示したが，1968年までは国税庁による販売価格の行政指導が行われてきた（大崎 2008, p.37）。その後も，**メーカー希望小売価格**を大幅に下回る販売は少なかった。

その後，1980年代後半には酒類量販店が相次いで誕生し，その低価格販売が話題にのぼるようになる。酒類量販店は，急速な円高を背景とした洋酒の並行輸入，ビールメーカーからのリベートを原資とした薄利多売，びんビールから缶ビールへの移行[1]などの要因を背景に急速に成長した（小林 2009, p.124）

　また，1989年頃には大手スーパーも低価格販売を開始した。1990年10月には，ビール4社が公正取引委員会の要請に基づき，「ビールの希望小売価格は参考価格です（小売店は，これになんら拘束されずに自主的に価格設定できます）」という新聞広告を出し，希望小売価格制は崩壊していくことになる。

　1994年4月には，翌月の酒税増税を前にダイエーが国産ビールなど清酒を除くほぼ全酒類の価格を引下げ，5月の酒税増税後もこの価格を継続すると発表した。イトーヨーカドー，ジャスコ，西友などの大手総合スーパーも追随し，価格競争が激化した（醸造産業新聞社 2009, p.244）。このように大手総合スーパーの低価格販売が本格化する中で，それまで急成長してきた酒類量販店の成長が鈍化することになる。

　その後，2005年1月には，大手ビールメーカー4社と酒類卸との間で，希望卸売価格，希望小売価格を廃止し，販売量に応じて卸売に支払う応量リベートを廃止する新しい取引制度が導入された。新しい取引制度導入の背景には，①酒類量販店やスーパーなどの台頭により，希望小売価格の維持が困難になったこと，②応量リベートに代表される販促費が値引き販売の原資になり，既存チャネルの経営を圧迫していること，③ビール需要が頭打ちになり，値引き販売が販売量の拡大に結びつかず，ビールメーカーの収益を悪化させていることなどが挙げられる（小林 2009, p.125）。

　総務省（総務庁）**『全国物価統計調査』**に基づいて，1992年におけるビールの小売業態別の価格を比較すると，国産ビールは「コンビニエンスストア」や「一般小売店」も含めて各業態とも価格差はほとんどない。他方，輸入ビールは「スーパーチェーン店」が最も安く，次いで「その他のスーパー店」が安くなっているものの，その他の業態間では価格差はほとんどない。すなわち，輸入ビールのみ「スーパーチェーン店」において低価格で販売されていたといえる。

表10-1は，1997年，2002年，2007年における缶ビール1本の小売業態別の価格比較である。1997年には，「量販専門店（450㎡以上）」が201.7円と最も安く，次いで「スーパー（450㎡以上）」207.1円，他方「一般小売店（450㎡未満）」224.2円，「コンビニエンスストア（450㎡未満）」225.8円と，20円程度の価格差があった。

　2002年には，「量販専門店（450㎡以上）」が197.0円と最も安く，次いで「スーパー（450㎡以上）」202.5円，他方「一般小売店（450㎡未満）」218.9円，「コンビニエンスストア（450㎡未満）」208.9円と，「一般小売店」との価格差は大きいが，「コンビニエンスストア」との価格差は縮小傾向にある。

　2007年には，「量販専門店（1,000㎡以上）」が192円と最も安く，次いで「スーパー（1,000㎡以上）」198円，他方「一般小売店（1,000㎡未満）」219円，「コンビニエンスストア（1,000㎡未満）」208円であり，「一般小売店」との価格差は依然として大きく，また「コンビニエンスストア」との価格差は再び拡大している。

表10-1　小売業態別価格比較（缶ビール1本）（1997～2007年）

(単位：円)

小売業態	1997年 450㎡以上	1997年 450㎡未満	2002年 450㎡以上	2002年 450㎡未満	2007年 全店舗	2007年 1,000㎡以上	2007年 1,000㎡未満
総数	208.3	224.1	203.0	216.0	209	199	213
① 一般小売店	214.3	224.2	201.9	218.9	219	201	219
② スーパー	207.1	218.8	202.5	205.7	200	198	204
③ 量販専門店	201.7	204.1	197.0	199.3	197	192	198
④ コンビニエンスストア	―	225.8	―	208.9	208	―	208

出所：総務省（総務庁）『全国物価統計調査』より作成。

第2節　規制緩和が小売業態に与えた影響

1．小売業態別シェアの推移

(1) 商業統計調査

　表10-2は，『**商業統計表**（業態別統計編）』に基づいて，「百貨店」および「総合スーパー」を除く酒類販売額に占める小売業態別シェアの推移をみたもの

である。酒類販売額の割合90％以上の「食料品専門店」，いわゆる「酒類専門店」のシェアは，規制緩和前の1988年の28.6％から，1994年には25.9％，2002年19.4％，原則自由化された2007年には18.8％と，調査を重ねるたびにシェアが減少している。

同様に，酒類販売額の割合90％未満，食料品の割合50％以上，かつ対面販売を主とする「食料品中心店」，すなわち「酒類を販売する小規模食料品店」のシェアも，規制緩和前の1988年の25.1％から，1994年には20.6％，2002年15.5％，原則自由化された2007年には12.4％とシェアが減少している。

他方，「食料品スーパー」および「コンビニエンスストア」の合計，すなわちセルフサービス方式で酒類を販売する小売業態のシェアは，規制緩和前の1988年の26.7％から，1994年には34.0％，2002年52.3％，原則自由化された2007年には56.3％とシェアを大幅に増加している。

「食料品スーパー」と「コンビニエンスストア」のシェアの内訳は，1997年以降その定義が変更されたため時系列的な比較は難しいが，傾向としては

表10-2 酒類販売額（百貨店・総合スーパーを除く）の小売業態別シェアの推移（商業統計調査）

(単位：％)

年	飲食料品販売額計のうち百貨店・総合スーパーによる販売額を除く飲食料品小売業の販売額	「食料スーパー」「コンビニエンスストア」の合計	食料品スーパー (500㎡以上) (1985～1994年) (250㎡以上) (1997～2007年)	コンビニエンスストア (50㎡以上500㎡未満) (1985～1994年) (30㎡以上250㎡未満) (1997～2007年)	食料品専門店 (1985～2007年)	食料品中心店 (1985～2007年)	その他の小売店 (1985～2007年)
1985年	100.0	24.2	(14.3)	(9.9)	29.5	25.7	20.7
1988年	100.0	26.7	(13.8)	(12.9)	28.6	25.1	19.7
1991年	100.0	29.3	(14.3)	(15.0)	27.3	23.6	19.8
1994年	100.0	34.0	(17.3)	(16.7)	25.9	20.6	19.6
1997年	100.0	44.7	(34.3)	(10.4)	22.1	17.0	16.2
2002年	100.0	52.3	(38.7)	(13.6)	19.4	15.5	12.9
2007年	100.0	56.3	(42.4)	(13.9)	18.8	12.4	12.5

(注)「百貨店・総合スーパー」の販売額は，飲食料品計のレベルでしか把握できないため，「百貨店・総合スーパー」による酒類販売額を除く販売額に占めるシェアを集計した。
出所：経済産業省（通商産業省）『商業統計表（業態別統計編）』より作成。

「食料品スーパー」がシェアを大きく増加する一方で,「コンビニエンスストア」のシェアの増加はそれほど大きくない。時系列比較が可能な1997年以降のシェアの推移をみても,「食料品スーパー」が1997年の34.3%から2002年38.7%, 2007年には42.4%へと大幅に増加したのに対して,「コンビニエンスストア」は1997年の10.4%から2002年には13.6%に増加したものの,2007年は13.9%と微増にとどまっている。

(2) 国税庁

表10-3は,国税庁の**「酒類小売業経営実態調査」**に基づいて,酒類の小売業態別シェアの推移をみたものである。「一般小売店」のシェアは,規制緩和前の1985年度には92.6%と圧倒的であり,規制緩和開始直後の1990年度も83.3%のシェアを保っていたが,その後は急速に落ち込み,1995年度66.0%, 2000年度55.1%, 2005年度27.9%, 2010年度19.1%まで減少している。

この調査では,「コンビニエンスストア」と「スーパーマーケット」の定義が明確ではなく,「コンビニエンスストア」に一部の「スーパーマーケット」業態も含まれているとみられるものの,「スーパーマーケット」のシェアは1995年度14.1%, 2000年度18.8%, 2005年度29.4%, 2010年度34.9%と,大きく増加している。

表10-3 酒類の小売業態別シェアの推移(国税庁)

(単位:%)

小売業態	1985年度	1990年度	1995年度	2000年度	2005年度	2010年度
①一般小売店	92.6	83.3	66.0	55.1	27.9	19.1
②コンビニエンスストア	4.3	10.4	10.9	11.7	11.3	11.1
③スーパーマーケット	0.7	1.9	14.1	18.8	29.4	34.9
④百貨店等	1.0	1.6	1.7	1.6	1.1	0.8
⑤量販店	—	—	—	—	12.1	14.7
⑥業務用	—	—	—	—	3.3	8.7
⑦ホームセンター・ドラッグストア	—	—	—	—	2.7	5.8
⑧その他	1.4	2.8	7.3	12.8	12.2	4.9
合計	100.0	100.0	100.0	100.0	100.0	100.0

(注) 生活協同組合,農業協同組合等は「その他」,1995年度の「スーパーマーケット」は「ミニスーパー」および「スーパーマーケット」の合計。
出所:国税庁「酒類小売業経営実態調査」より作成。

他方,「コンビニエンスストア」のシェアは1995年度10.9%,2000年度11.7%,2005年度11.3%,2010年度11.1%と,ほとんど横ばいであり,先に表10-2の商業統計調査の分析からみたように,酒類小売規制緩和の効果は「コンビニエンスストア」よりも「食品スーパー」にシェア増加をもたらしたといえる。

2. 規制緩和による小売業態の盛衰

(1) 小規模酒販店

『商業統計表（業態別統計編）』に基づいて**小規模酒販店**のシェアの推移をみると,「酒類専門店」(酒類販売額の割合90％以上の食料品専門店) のシェアは,規制緩和前の1988年の28.6％から原則自由化された2007年には18.8％まで減少した。同様に,「酒類を販売する小規模食料品店」(酒類販売額の割合90％未満,食料品の割合50％以上,かつ対面販売を主とする食料品中心店) のシェアも,規制緩和前の1988年の25.1％から原則自由化された2007年には12.4％まで減少している（表10-2参照）。

国税庁「酒類小売業経営実態調査」においても,「一般小売店」のシェアは,規制緩和前の1985年度は92.6％と圧倒的であったが,2010年度には19.1％まで減少している（表10-3参照）。

「酒類小売業（商品分類において酒類販売額が最も多いもの）」の売場面積規模別販売割合の推移をみると,売場面積100㎡未満の小規模店のシェアは規制緩和前の1988年には87.1％を占めていたが,原則自由化された2007年には54.1％まで減少している。酒類小売業は,事業所数においても1988年の10万8千店から2007年には4万8千店まで減少している。そのほとんどは売場面積100㎡未満の小規模店の減少によるもので,1988年の10万2千店から2007年には4万2千店となっている。

総務省（総務庁）「全国物価統計調査」によって缶ビール1本の価格を小売業態別に比較すると,「一般小売店」は1992年調査では輸入ビールを除いて他の業態との価格差はほとんどなかった。しかし,1997年調査では「一般小

売店（450㎡未満）」は最も安い「量販専門店（450㎡以上）」と比較して22.5円，2002年調査でも21.9円高くなっている。2007年調査でも「一般小売店(1,000㎡未満)」は最も安い「量販専門店（1,000㎡以上）」と比較して27円高くなっている（表10-1参照）。

このように小規模酒販店の店舗数が減少し，またシェアも急速に減少する中で，存続している店舗も酒類以外の商品の販売を増加させ，兼業化がすすんでいる。「一般酒販店」の1企業平均の総売上高および酒類売上高の推移をみると，総売上高は1990年度から2005年度までは約1億円でほぼ横ばいであったが，2005年度の9,867万円から2010年度は7,449万円へと約4分の3に減少した。他方，酒類売上高は1990年度の4,543万円から2010年度には1,863万円へと約4割となり，総売上高に占める酒類売上高の割合も1980年度の50.0%から2010年度には25.0%にまで減少している。

(2) コンビニエンスストア

『商業統計表（業態別統計編）』においては，時系列比較が可能な1997年の10.4%から2002年には13.6%に増加したものの，2007年には13.9%と微増にとどまっている（表10-2参照）。国税庁「酒類小売業の経営実態調査」においても，1995年度10.9%，2000年度11.7%，2005年度11.3%，2010年度11.1%と，ほとんど増加していない（表10-3参照）。

セブンイレブンをはじめとして初期のフランチャイズチェーン店は，酒類小売業免許をもっている酒販店からの転換[2]が多かったが，次第に酒販店以外からの転換，あるいは新たな開店が増加する一方で，酒類小売業免許の取得が難しかったため，酒類を取り扱っていない店舗が増加していった。

コンビニエンスストアにとって，酒類小売業免許を取得することは極めて大きな課題であったといってもよい。1991年において，酒類小売業免許をもっているコンビニエンスストアは27.7%にとどまっていたが，酒有り店1店あたりの酒売上高は約3,600万円で，年間売上高の21.5%を酒が占めていた（商業界 2002 pp.187,189）規制緩和後は，コンビニエンスストアにおける酒有り店の割合は年々増加し，現在ではほとんどの店舗が酒類を販売するようになっ

ている[3]｡

　しかし，後述する「食品スーパー」による酒類販売の一般化，「食品スーパー」の長時間営業による便宜性の向上，さらには「コンビニエンスストア」の価格の高さもあって，酒類小売規制緩和の効果は「コンビニエンスストア」に及んでいないといえる。

　総務省（総務庁）「全国物価統計調査」によって缶ビール1本の価格を小売業態別に比較すると，1997年調査では，「コンビニエンスストア」が225.8円と最も高く（「一般小売店（450㎡未満）」は224.2円），最も安い「量販専門店（450㎡以上）」の201.7円と比較すると24.1円高い。2002年調査では，「コンビニエンスストア」が208.9円と，「一般小売店（450㎡未満）」の218.9円よりも10.0円安かったものの，最も安い「量販専門店（450㎡以上）」の197.0円と比較すると11.9円高い。2007年調査では，「コンビニエンスストア」が208円と一般小売店（1,000㎡未満）」の219円よりも11円安かったものの，最も安い「量販専門店（1,000㎡以上）」の192円と比較すると16円高くなっている（表10-1参照）。

(3) 食品スーパー

　『商業統計表（業態別統計編）』においては，時系列比較が可能な1997年の34.3％から2002年には38.7％，2007年には42.4％と着実にシェアを増加している（表10-2参照）。国税庁「酒類小売業の経営実態調査」においても，1995年度14.1％，2000年度18.8％，2005年度29.4％，2010年度34.9％と，大幅に増加している（表10-3参照）。

　総務省（総務庁）「全国物価統計調査」によって缶ビール1本の価格を小売業態別に比較すると，「食品スーパー」は「量販専門店」よりも高いが，「コンビニエンスストア」や「一般小売店」よりも，かなり低価格での販売を行っている（表10-1参照）。

　食品スーパーにおいては，食料品のワンストップ・ショッピングという点で，酒類の取り扱いは重要な課題であったことは間違いない。「総合スーパー」は1989年6月に店舗面積10,000㎡以上の大規模小売店舗に特例免許が与えら

れることになったものの,「食品スーパー」は免許の取得が難しく,その取得率は2002年において49.4％にとどまっていた。しかし,規制緩和が進んだ2007年には66.8％が免許を取得するようになっている（経済産業省『商業統計表（産業編）』より作成）。

さらに,2000年5月末の大店法廃止により,営業時間や休日日数に関する規制が撤廃されたことを受けて,長時間営業や終日営業を行う「食品スーパー」も増加した[4]。

このような「食品スーパー」による酒類販売の一般化,「食品スーパー」の長時間営業による便宜性の向上,さらに「食品スーパー」の価格の安さがあいまって,酒類小売規制の緩和は「食品スーパー」のシェア増加をもたらしたといえる。

(4) 酒類量販店

酒類量販店のシェアは十分な資料はないが,国税庁「酒類小売業の経営実態調査」によると,2005年度12.1％,2010年度14.7％とやや増加している（表10-3参照）。

総務省（総務庁）「全国物価統計調査」によると,「量販専門店（1997年および2002年450㎡以上,2007年1,000㎡以上）」の缶ビール1本の価格は各業態の中で最安値であり,「スーパー（同）」と比較しても,1997年で5.4円,2002年は5.5円,2007年は6円安くなっている（表10-1参照）。

酒類量販店は,急速な円高を背景とした洋酒の並行輸入による低価格販売,1990年10月のビールメーカーによる希望小売価格は参考価格である旨の表明などの要因により,1980年代の後半から1990年代の前半にかけて急成長した。そして,大手酒類量販店では1993年11月に「サリ」,1994年6月に「カウボーイ」,1994年9月に「やまや」が相次いで店頭公開を果たした。

このような酒類量販店の成長の中で,1993年7月には,その新規出店を抑制することになる「酒類販売業免許等取扱要領」が実施されることになった。その後,1994年4月には総合スーパーも低価格販売に参入し,酒類量販店の成長が鈍化することになる。

この他，酒類量販店の成長が鈍化した要因として，輸入酒の正規代理店が海外との価格差を是正したことで並行輸入のメリットが減少したこと，さらに1996年をピークに酒類販売量が横ばいから減少に転じたことで酒類メーカーの販売戦略が量的拡大から利益重視に変わり，値引きの原資だった応量リベートが減少したことなどがその要因として挙げられる（浅島他 2004，p.52）。このような状況の中で，2003年9月には「サリ」，2008年2月には「前田（楽市）」が破綻し，大手の酒類量販店の売上高も伸び悩んでいる。

第3節　酒類小売規制の緩和による酒類小売構造の変化

　本章では，酒類小売業免許の規制緩和が各小売業態の酒類販売にどのような影響を与えたかについて分析した。酒類小売規制の緩和は1989年6月から開始され，2006年8月には緊急調整区域が撤廃，すべての地域で原則自由化された。

　価格面でも，1980年代後半から酒類量販店による値引き販売，1994年4月からは総合スーパーによる価格引下げなど，規制緩和と歩調を合わせるように価格競争も本格化してきた。他方，酒類販売数量は1996年度をピークに減少傾向にあり，また成人1人あたり年間酒類販売数量は1992年度をピークに減少傾向にある。すなわち，需要停滞下での規制緩和が進められ，競争が激化していったわけである。

　需要停滞下の規制緩和は，各小売業態の盛衰に大きな影響を与えた。厳しい免許制と希望小売価格によって保護されてきた「小規模酒販店」は，シェアを大幅に減少させ，また存続している小規模酒販店も酒類以外の商品の販売を増加させ，兼業化が進んでいる。

　「食品スーパー」は，免許取得により酒類販売を一般化させ，さらに長時間営業による便宜性の向上や価格の安さがあいまって，シェアが大幅に増加した。他方，「コンビニエンスストア」は，価格の高さや，「食品スーパー」による酒類販売の一般化もあって，規制緩和の効果を享受することができず，シェアは

それほど増加していない。

「酒類量販店」は，1990年代前半までは価格の安さを武器に急成長したが，酒類販売の原則自由化により酒類取扱店舗が増加し，また食品スーパーと比較した価格優位性が失われていく中で，その成長が鈍化している。

すなわち，酒類小売業免許の規制緩和は，「小規模酒販店」のシェアを大幅に減少させる一方で，「食品スーパー」に大きなシェア増加をもたらしたといえる。

注

1) 缶ビールは，1958年の「アサヒ ゴールド」が国内初とされている。ビール出荷量に占める缶ビールの割合は，1991年に約36%となり，1994年には約44%にまで増加した（キリンビール 1999, p.271）。また，「ビール」「発泡酒」「新ジャンル」を合計したビール系飲料の容器別構成比の推移（大手5社計）をみると，1999年には「びん」28%，「缶」57%，「樽等」15%，2010年には「びん」11%，「缶」71%，「樽等」18%となっている（キリンビール 2012, キリンホールディングス 2012）。
2) セブンイレブンの「Aタイプ加盟店」（土地・建物を所有するオーナー）の加盟前業種において酒類小売店が占める割合は，1974年度83.3%，1975年度93.0%，1976年度70.2%となっている（セブン-イレブン・ジャパン 1991, p.54）。
3) 1998年2月末現在で酒を取り扱っている店舗の割合は，セブンイレブン54.0%，ローソン37.4%，ファミリーマート31.7%（商業界 1998, pp.226,239,261）にとどまっていた。同様に，2002年10月末現在で酒を取り扱っている店舗の割合は，セブンイレブン69.7%，ローソン55.8%，ファミリーマート57.7%（商業界 2003 pp.116-118）であった。その後，酒類小売業免許の規制緩和により酒を取り扱っている店舗が急速に増加し，2011年2月末現在ではセブンイレブン98.8%，ローソン97.9%，ファミリーマート96.9%（商業界 2011, p.75）と，ほとんどの店舗が酒を取り扱うようになっている。
4) 2000年5月末の大店法廃止により，営業時間や休日日数に関する規制が撤廃されたことを受けて，長時間営業や終日営業を行う「食品スーパー」も増加した。すなわち，1997年には14時間以上営業店25.1%（終日営業店1.6%）であったのに対して，2002年には14時間以上営業店33.5%（同2.8%），2007年には14時間以上営業店53.1%（同7.5%）となっている。なお，「コンビニエンスストア」は14時間以上営業している店と定義されているが，終日営業店の割合は1997年56.1%，2002年77.6%，2007年84.3%と増加している（経済産業省（通商産業省）『商業統計表（業態別統計編）』より作成）。

(参考文献)

1) 浅島 亮子・大坪 稚子・小出 康成・藤井 一・柳 紀久夫・山本 猛嗣（2004）「日本の『酒』は変わった！」『週刊ダイヤモンド』92巻，39号．
2) 大崎 恒次（2008）「酒類業組合の役割と酒類販売免許制」『青山社会科学紀要』37巻，1号．
3) キリンビール編（1999）『キリンビールの歴史 新戦後編』．
4) キリンビール（2012）「国内酒類事業データ集」．
5) キリンホールディングス（2012）「Data Book」．
6) 小林 哲（2009）「酒類業界の流通再編と取引制度改革」崔 相鐡・石井 淳蔵編『流通チャネルの再編』中央経済社．
7) 醸造産業新聞社編（2009）『酒類産業年鑑』醸造産業新聞社．
8) セブン‐イレブン・ジャパン編（1991）『セブン‐イレブン・ジャパン 1973～1991』．
9) 中西 将夫（1997）「規制緩和と酒類市場の変化」『RIRI流通産業』29巻，9号．
10) 商業界（1998）『コンビニ』1巻，1号．
11) 商業界（2002）『コンビニ』5巻，2号．
12) 商業界（2003）『コンビニ』6巻，1号．
13) 商業界（2011）『コンビニ』14巻，8号．

※第 11 章

消費者保護政策

本章の構成
第 1 節　消費者問題と消費者政策
第 2 節　消費者の概念と消費者問題領域
第 3 節　わが国における消費者問題・消費者政策の変遷と消費者運動の展開
第 4 節　真の意味での消費者保護政策実現に向けて

本章のポイント

　従来，わが国の消費者政策は，産業育成の派生的なテーマとして，分野ごとの縦割りの中で行われてきたため，機動性に乏しく企業ないし事業者優先の政策姿勢が色濃く出ていたとみることができる。21世紀に入り，消費者基本法において消費者の権利が明確に謳われ，また，消費者庁・消費者委員会が設立されたことによって，消費者政策は新たなステージを迎えている。本章では，わが国における今日の消費者問題と消費者政策の展開を概観することで，現行の消費者政策が決して消費者保護政策とはなっていない実態を確認し，真の意味での消費者保護実現に向けた課題をみている。
○第 1 節では，消費者問題・消費者政策について学ぶ。
○第 2 節では，消費者の概念と消費者問題領域についての基本的な知識や考え方を学ぶ。
○第 3 節では，わが国における消費者問題・消費者政策の変遷と消費者運動の展開について学ぶ。
○第 4 節では，真の意味での消費者保護政策実現に向けての課題について学ぶ。

第 1 節　消費者問題と消費者政策

　従来，わが国の**消費者政策**[1]は，「産業育成の派生的なテーマとして，分野ごとの『縦割り』の中で行われてきた」(「現代消費者法」編集部編 2009, p.5) が，21世紀に入り，2004年施行された**消費者基本法**において**消費者の権利**が明確に謳われ，また，2009年には「消費者のパートナーとして消費者の側に立ち，その利益を守る全く新しい組織」(同上) とされる**消費者庁**が設立された。

　これによって，真の意味での**消費者保護政策**が展開されるとみるのは時期尚早であろう。新たなステージのプロローグを迎えたにすぎないのである。

　わが国における消費者問題は高度経済成長期に顕著にみられるようになる。それが，今日ほど大きく取りざたされていることはないといってよい。とりわけ 1980 年代後半以降の規制緩和や情報化，国際化のさらなる進展も手伝ってその領域は拡大しており，日常的な消費生活における諸問題のみならず，公害や環境汚染，原発事故，平和の問題にいたるまで内容は多岐に及んでいる。

　日常的な消費生活における諸問題だけをとってみても，おとり販売や不当値上げ，近年増加しつつある不当請求といった詐欺に類するものをふくむ金銭的な問題のみならず，製品不良や食品安全性の欠如といった消費者の生命身体に関わる，より重大なものまでさまざまである。そして，その被害者は高齢者から若年者にいたるまで被害対象年齢が特定されているわけではない。

　消費者問題は，高度経済成長期以降，公害問題や食品・薬品被害が頻発することで拡大し，注目されるようになった。前者は，四大公害病（水俣病，第二水俣病（新潟水俣病），四日市ぜんそく，イタイイタイ病）に代表され，後者は，森永ヒ素ミルク事件やサリドマイド事件，カネミ油症事件などに代表される。すでに和解している問題もあるが，失われた命はもう二度と戻らないし，いまだに健康被害で苦しむ患者は多数存在する[2]。また，カネミ油症など問題発生からすでに数十年を経過したものでさえ，未解決のものも多々存在するのである。バブル崩壊後いわゆる失われた 10 年をへて 21 世紀に入ってからは，消費者

問題の例には事欠かない。

　わが国における本格的な消費者政策の展開は，1968年の**消費者保護基本法**の成立に始まるといえる。その後継法ともいえる消費者基本法が成立し，また今日消費者庁が消費者政策における「司令塔」（「現代消費者法」編集部編 2009, p.5）となって，消費者政策が展開されているが，決して真の意味での消費者保護政策とはなっていないように思われる。

　本章ではまず，消費者の概念について明確にし，消費者問題の領域を確認する。その後，わが国における今日の消費者問題と消費者政策の展開を概観することで，現行の消費者政策が決して消費者保護政策とはなっていない実態を確認し，真の意味での消費者保護政策実現に向けた課題をみてみることにしよう。

第2節　消費者の概念と消費者問題領域

1. 消費者とは何か

　消費者の概念はいわば自明の理のことのように扱われることが多く，それほど大きく取り上げられてこなかったように思われる。一般的には，消費者は消費財やサービスを消費することによって，個人・世帯生活を維持するすべての人を指している[3]。このような見方はあながち間違いではない。

　しかしながら，そのようにみた場合，消費者問題の本質を見落とすことにつながりかねない。資本主義的商品生産のもとでの消費者問題の主たる被害者であり，それを告発し，その解決のために消費者運動の主体となる消費者について，まず確認しておかなければならない。

　資本主義的商品生産のもとでは，直接実際に生産の業務を担当しているのは労働者であるが，労働者はその生産物の所有者でも売り手でもない。彼は資本主義的商品生産の意味における生産者ではないのである。彼が売りうる唯一のものは彼の労働力であって，その労働力の再生産に必要な一切のものは，生産手段を所有し，商品をわがものとする資本家の手から買わなければならない。資本主義的商品生産のもとでは生産者と消費者は完全に分離されているのであ

り，ここで消費者ははじめて「純然たる消費者」として彼に固有の問題をもつことになる（森下 1974, p.189）。

すなわち，消費者＝労働者階級である。しかしながら，農漁民などの小商品生産者や自営商工業者や自由業者などの中間階層の世帯も，必ずしも「純然たる消費者」とはいえないものの，労働者階級と同様に，資本家階級と支配・被支配，搾取・被搾取あるいは収奪・被収奪の関係にあり，彼らも労働者階級に準じて，消費者と呼ぶに値する存在であるといってよい。

以上のように，ここでは消費者を労働者階級のみならず農漁民や自営商工業者などの中間階層をもふくむものとして規定しておく[4]。

また，通常，消費者利益は価格に収れんされているといって差し支えないが，われわれは消費者利益を，①価格，②サービス，③住民生活，④商品の安全性をふくめた選択の自由の4つの観点から広く捉えることにする（真部 1995, pp.97-99）。

消費者利益に反し，社会的問題となるようなとき，それは消費者問題であるといっても差し支えないであろう。

2. 消費者問題の領域

消費者問題の領域は多岐に及ぶことは既に述べたところであるが，以下のように，大きく3つに分類することができる（保田 1999, pp.200-201）[5]。

まず第1に，個人的消費者問題領域である。これは，消費者が消費生活を営むにあたり不可欠な商品やサービスの消費にさいして伴う問題であり，価格や品質，広告や表示の問題，さらには販売方法の問題などがある。これらについては，企業のマーケティング活動と深い関係があり，最も重要な問題領域であるといえるが，次項においてより詳細に検討する。

第2に，社会的共同消費者問題領域である。この領域は，インフラストラクチャー（社会基盤）のように消費生活を営むうえで社会的共同消費を行う領域の問題である。この充実が消費生活にとって重要であり，個人的消費の一般的成立条件となり，消費生活の質を規定するものともなる。つまり，消費生活

に不可欠な社会環境の問題である。

　第3に，自然的消費者問題領域である。近年世界的に重大な問題となっている自然環境問題の領域であるが，生きる人間として自然環境の破壊があっては健全な消費生活が成り立つとはいえない。

　つまり，消費者政策ないし消費者保護政策の対象は極めて広範囲に及ぶのであるが，以下では主として第1の個人的消費者問題領域に焦点をあててみてみることにしよう。

第3節　わが国における消費者問題・消費者政策の変遷と消費者運動の展開

1．わが国における消費者問題・消費者政策の変遷

　先にも述べたように，わが国において消費者政策が本格的に展開されるようになるのは，高度経済成長期後期以降のことであるが，消費者問題がそのころまでにはかなり深刻の度合いを増し，**消費者運動**が進展するなかで，これに対応したものであるということができる。

　今日，わが国において消費者政策の所轄官庁は消費者庁である。消費者庁については，次節において若干詳しく述べる。

　消費者問題と**独占禁止法**（私的独占の禁止及び公正取引の確保に関する法律。以下では，**独禁法**と呼ぶ）の関係が深いことはいうまでもないが，独禁法は，とりわけ価格面から消費者問題と深くつながってきた。

　しかしながら，すでに述べたように，消費者問題は価格に関するものだけではない。消費者の生命身体を脅かす消費者問題はより重大であることはいうまでもない。

　わが国における本格的な消費者政策の展開は，1968年の消費者保護基本法の成立に始まるといえるが，その後1970年代以降さまざまな消費者立法がなされ，消費者政策は，事業者を業法等に基づき規制するという手法を中心に展開されてきた。そこでは，一般的には消費者は行政に「保護される者」として

受動的に捉えられた（消費者庁企画課編 2010, p.6）[6]。

　一方，近年，規制緩和が進展し，市場メカニズムの活用が進められてきたが，市場メカニズムの活用は，消費者が市場において主体的に行動し，自由で多様な選択を行うことを可能とする。市場メカニズムを十分活用するためには，事業者間において自由で活発な競争が行われ，市場の公正性及び透明性が確保されるとともに，消費者は，「自立した主体」として市場に参画し，積極的に自らの利益を確保するよう行動する必要がある。同時に，行政は消費者が自立できるよう支援していくことが必要との視点から，2004年に消費者保護基本法は全面改正され，消費者基本法に改められた（内閣府国民生活局編 2007, p.9）。今日の消費者政策の基本姿勢は「保護」ではなく「自立支援」に転換しているのである。

　わが国における消費者政策の展開は高度経済成長期に消費者問題が顕在化し多発したことから本格的に開始されたといってよいが，主な消費者問題の変遷および消費者関連法律の整備状況等は表11-1および表11-2の通りである。

　ここでは，消費者庁企画課編の『ハンドブック消費者2010』に基づき，1960年代以降の消費者問題と消費者政策の展開についておおむね10年ごとに順を追ってみていくことにしたい（消費者庁企画課編 2010, pp.3-4）。

・1960年代

　1955（昭和30）年を起点として高度経済成長が始まるが，それは1960年代に本格化し，大量生産・大量流通・大量販売の仕組みが広がっていくことになる。

　この高度経済成長期には，経済発展が優先されるあまり自然環境や消費者の生命身体に関わる問題が軽視され，四大公害病に代表される一連の公害病がとりわけ多発した。

　このころ，欠陥商品による消費者危害および不当表示事件などが発生した。

　とりわけ消費者の生命身体を脅かす事件の多発によって，それへの取組みが本格化し，個別分野における法令の整備が進められるとともに，政府内には経

表 11-1　消費者問題の変遷

	主な消費者問題の事例
1960年代	・消費者の生命身体を脅かす事件の多発 (1960) にせ牛缶事件 (1962) サリドマイド事件 (1968) ＰＣＢ問題発生 (1969) 欠陥自動車問題
1970年代	(1971) 果実飲料表示問題 ・ヤミカルテル問題 (1976) マルチ商法等 ・悪質商法問題 (1976) ねずみ講 (1976) サラ金問題
1980年代	(1983) 食品添加物問題 ・クレジット問題 ・資産形成取引に絡む問題（豊田商事事件等） ・クレジット多重債務者問題
1990年代	・契約，解約に関するトラブルの増大 ・民事ルールの充実 ・インターネット取引に係る問題の増大
2000年代〜	・「ワン切り」問題多発 (2001) ＢＳＥ問題発生 (2002) 食品偽装表示事件等の多発 (2003) 自動車メーカーによる虚偽報告，リコール隠し (2003) 米国でＢＳＥ感染牛の確認。同国からの牛肉等の輸入停止 (2004) 架空請求・不当請求問題 (2004) 振り込め詐欺被害の多発 (2004) 組織的なヤミ金融事犯に係る犯罪被害財産の発覚 (2004〜2005) 偽造・盗難キャッシュカードによる被害の急増 (2005) 悪質な住宅リフォーム問題 (2005) 耐震偽装問題 (2005) 多重債務問題の深刻化

	主な消費者問題の事例
2000年代〜	(2006) 製品事故の顕在化 (2006) シンドラー社エレベーター事故 (2007) ミートホープ事件等の食品偽装表示事件の発覚 (2007) こんにゃくゼリーによる窒息死事故の顕在化 (2007) NOVA事件 (2007) L&G（円天）事件 (2008) 中国冷凍ギョウザ問題 (2008) 事故米穀不正規流通問題

出所：消費者庁企画課編 2010, p.5 を一部加筆修正。

表 11-2　主な消費者関連法規および消費者行政措置の展開

	主な消費者関連法規の整備状況	主な消費者行政組織等の整備状況
1960年代	(1960) 薬事法制定 (1961) 割賦販売法制定 (1962) 不当景品類及び不当表示防止法制定 (1968) 消費者保護基本法制定	(1961) 経済企画庁（現内閣府）に国民生活向上対策審議会発足 (1963) 農林水産省に消費経済課設置 (1964) 通商産業省（現経済産業省）に消費経済課設置 (1965) 経済企画庁に消費者行政課設置 (1968) 消費者保護会議設置
1970年代	(1972) 食品衛生法改正 (1972) 不当景品類及び不当表示防止法改正 (1973) 消費生活用製品安全法 (1973) 化学物質の審査及び製造等の規制に関する法律 (1973) 有害物質を含有する家庭用品の規制に関する法律 (1976) 訪問販売等に関する法律（訪販法）制定 (1977) 「独占禁止法」改正（課徴金制度導入） (1978) 無限連鎖講の防止に関する法律制定	(1970) 国民生活センター設立
1980年代	(1982) 海外商品市場における先物取引の受託等に関する法律（海先法）制定 (1983) 貸金業の規制等に関する法律制定 (1984) 割賦販売法改正 (1985) 海先法改正 (1986) 有価証券に係る投資顧問業の規制等に関する法律制定 (1986) 特定商品等の預託等取引契約に関する法律制定 (1987) 抵当証券業の規制等に関する法律制定 (1988) 無限連鎖講の防止に関する法律改正 (1988) 訪販法改正 (1989) 前払式証票の規制等に関する法律改正	
1990年代	(1992) ゴルフ場等に係る会員契約の適正化に関する法律 (1994) 製造物責任（PL）法制定 (1994) 不動産特定共同事業法制定 (1998) 金融システム改革法 (1999) 情報公開法制定 (1999) 訪販法及び割販法改正 (1999) 住宅品質確保促進法制定 (1999) 貸金業規制法，出資法，利息制限法改正	(1991) 運輸省に「消費者行政課」を設置
2000年代	(2000) 訪販法（特定商取引法に改称）及び割販法改正 (2000) 消費者契約法制定 (2000) 金融商品の販売等に関する法律制定 (2001) プロバイダー責任制限法 (2001) 電子契約法制定 (2002) 迷惑メール防止法（特定電子メールの送信の	(2001) 内閣府設置（国民生活局移管）

	適正化等に関する法律制定，特定商取引法改正) (2002) 有線電気通信法改正（ワン切り規制） (2002) ＪＡＳ法改正（罰金額引き上げ） (2002) ＢＳＥ対策特別措置法公布 (2002) 農薬取締法改正 (2003) 食品安全基本法制定 (2003) 食品安全関連5法制定	(2003) 公正取引委員会　内閣府に移管 (2003) 農林水産省に消費・安全局を設置 (2003) 食品安全委員会設置 (2003) 総務省に「消費者行政課」を設置
2000年代〜	(2004) 特定商取引法改正 (2004) 消費者基本法成立 (2004) 公益通報者保護法制定 (2004) 「金融機関本人確認法」改正 (2005) 「携帯電話不正利用防止法」の成立 (2005) 「独占禁止法」改正 (2005) 食育基本法成立 (2005) ＪＡＳ法改正 (2006) 消費者契約法改正（消費者団体訴訟制度の制定） (2006) 金融商品取引法制を整備する法改正の成立 (2006) 消費生活用製品安全法改正 (2006) 貸金業法改正 (2007) 犯罪収益移転防止法成立 (2007) 住宅瑕疵担保履行法制定 (2007) 消費生活用製品安全法，電気用品安全法改正 (2007) 振り込め詐欺救済法成立 (2008) 消費者契約法，景品表示法，特商法改正（差止訴訟の対象拡大） (2008) 特定電子メールの送信の適正化等に関する法律改正 (2009) 米穀等の取引等に係る情報の記録及び産地情報の伝達に関する法律（米トレーサビリティ法）制定 (2009) JAS法改正 (2009) 消費者庁関連3法成立 (2009) 独占禁止法改正 (2009) 商品取引所法等改正法成立	(2005) 金融庁に「金融サービス利用者相談室」設置 (2009) 警察庁に「生活経済対策管理官」を設置 (2009) 消費者庁・消費者委員会設置 (2009) 消費者庁に「地方協力課」を設置

出所：表11-1と同じ。

済企画庁国民生活局（現内閣府国民生活局）が一元的に消費者政策を担当する部局として設置された（1965年）。

1968年5月には消費者保護基本法が制定され，消費者政策の基本的枠組みが定められた。地方公共団体においても，消費者保護基本法でその責務が規定されるとともに，翌年地方自治法で消費者保護が地方の事務として規定されたことを受け，消費者政策専管部局や消費生活センターの設置が進められた。その後，地域の実情に応じた施策を講じるため，都道府県・政令指定都市等で消費者保護条例が順次制定されていくことになった。

・**1970年代**

1970年代は高度経済成長期が終わりをつげ，低経済成長期へと入っていく時期である。

大手家電メーカーによるいわゆるヤミ再販や第一次石油危機に端を発する狂乱物価，カルテルが横行し，とりわけ価格面における消費者問題が多発した。このころ，**コンシューマリズム（消費者主義）**が台頭する。

大衆消費社会を背景とした製品の安全性の問題がさらに大きくなった。マルチ商法など新たなタイプの消費者問題が発生し，被害が続出した。こうしたなか，消費者トラブルも商品の品質や性能，安全性に関するものから，商品の販売方法や契約等に関するものへと比重がシフトしていった。

1970年10月には国民生活センターが設立され，消費者問題の情報提供や苦情相談対応，商品テスト，教育研修等がなされるようになった。

・**1980年代**

1980年代は，経済の情報化，サービス化，国際化等の動きが加速するとともに，クレジットカードの普及などにより消費者による金融サービスへのアクセスが容易になった。消費者問題も，クレジットカードの普及などによる多重債務等に関わる問題が増加するなど，その内容は変化し複雑化した。これに対して，消費者信用取引の適正化や消費者契約の適正化等のための施策等が実施された（訪問販売等に関する法律（1976年）。現，**特定商取引法**等）。また，バブル経済期には資産形成取引に伴う問題が急増したため，これに対応する法令が整

備された（特定商品等の預託等取引契約に関する法律（1986年）等）。

・**1990年代〜2000年代前半**

1990年代以降は，消費者と企業ないし事業者との間の一般的な民事ルールの整備が進んだ（**製造物責任法**（1994年），**消費者契約法**（2000年））。また，IT革命といわれる急激な高度情報化によって，インターネットを代表とする新しい情報通信技術が急速に発展したが，この情報通信技術の多様化，複雑化に対し，適切な対応方法を身に付けることができない消費者の存在によって，新たな消費者問題が発生した。2000年代前半には，これに対応する法令が整備された（電子消費者契約法（2001（平成13）年），個人情報保護法（2003年））。

他方，2001年のBSE問題発生など食の安全に対する国民の信頼感を揺るがす事件に対応して，2003（平成15）年に食品安全法が制定され，食品安全委員会が設立された。

・**2000年代後半以降**

2004年6月の消費者基本法の制定を受け，消費者政策の計画的な推進のために，2005年4月に，2009年度（2010年3月）までの5年間を対象とする**消費者基本計画**が策定され，これに基づき，消費者政策が展開された。

この間，食の安全・安心という消費生活の最も基本的な事項に対する消費者の信頼を揺るがす事件や，高齢者の生活基盤である資産を狙った悪質商法など，暮らしの土台そのものを揺るがす問題に加え，消費者被害の発生に伴う行政の対応に対する不審を招く事案が相次いで生じた。

こうした状況の中，消費者庁・**消費者委員会**が2009年9月に創設され，消費者政策は新たなステージに突入する。

2010年3月には，2010年度から2014年度（2015年3月）までの5年間を対象とする新たな消費者計画が策定され，消費者政策が展開されている。

2. 今日の消費者政策の展開

ここでは，消費者と企業ないし事業者との間の一般的な民事ルールとしてはじめて成立したともいえる製造物責任法を概観し，21世紀の消費者政策の基

本的スタンスをあらわしているといってもよい消費者基本法およびそれに基づく「消費者基本計画」についてみてみることにしよう。

・**製造物責任法（1994 年 6 月成立，1995 年 7 月施行）**

「この法律は，製造物の欠陥により人の生命，身体又は財産に係る被害が生じた場合における製造業者等の損害賠償の責任について定めることにより，被害者の保護を図り，もって国民生活の安定向上と国民経済の健全な発展に寄与することを目的」(第1条)としており(消費者庁企画課編 2010, p.253)，PL (Product Liability) 法とも呼ばれる。欠陥商品によって損害を被ったという事実が証明できれば，メーカーに責任を負わせる**無過失製造物責任の原則**を確立させることが，この法律制定のねらいである（高橋 1994, p.142)。

それまでのわが国の法律では，「過失責任」が原則であった。それゆえ，欠陥商品によって被害を受けても，被害者が被害と欠陥商品の因果関係やメーカーの過失責任を立証しなければ，損害賠償を受けられない仕組みになっていた。さらに，技術進歩等で製品は高度化し，知識のとぼしい消費者がメーカーの過失を立証することは事実上不可能であったため，消費者は泣き寝入りさせられていたのが実態であった（高橋 1994, p.142)。

ただし，この制度の成立をもって，消費者保護法制が整ったと錯覚してはならない。後述するように，消費者政策は名実ともに保護から自立支援へと方針が転換されているが，それにもかかわらずこの法律には「開発危険の抗弁」が認められたことなどいくつかの問題も存在することから[7]，自立支援を促すには必ずしも完全な制度とはなっていないことに注意をする必要がある[8]。

・**消費者基本法（2004 年 5 月成立，同年 6 月公布・施行）**

1968 年に制定された消費者保護基本法は，わが国消費者政策の基本的枠組みとして機能してきたが同法制定後 36 年が経過し，消費者を取り巻く経済社会情勢は大きく変化したという観点から，消費者が安全で安心できる消費生活の実現のため，消費者保護基本法を現代の経済社会にふさわしいものとして抜本的に見直し，消費者政策を充実・強化していくことが必要だとして，改正されたものが消費者基本法である（内閣府国民生活局編 2007, pp.227-231)。

同法は,「消費者と事業者との間の情報の質及び量並びに交渉力等の格差にかんがみ,消費者の利益の擁護及び増進に関し,消費者の権利の尊重及びその自立の支援その他の基本理念を定め,国,地方公共団体及び事業者の責務等を明らかにするとともに,その施策の基本となる事項を定めることにより,消費者の利益の擁護及び増進に関する総合的な施策の推進を図り,もつて国民の消費生活の安定及び向上を確保することを目的」(第1条)とする(消費者庁企画課編2010, p.229)。同法において,安全の確保等消費者政策の基本理念が明確にされた点(同上書, pp.6-7)は評価できるものの,「消費者保護基本法」から「保護」という文言が消え,目的のなかに「自立の支援」が謳われている。消費者保護基本法にみられる,わが国におけるこれまでの消費者政策は「保護」を謳っていたとはいえ,お世辞にも実体を伴ったものではなかったが[9],今日つまり21世紀の消費者政策は名実ともに「保護」ではなく,「自立を支援」するものに大きく後退してしまっているのである。

　同法第9条に基づき2010年3月30日に閣議決定された消費者基本計画(2010年度〜2014年度)では,以下のように消費者政策の基本的方向が示されている(消費者庁企画課編2010, pp.16-17, pp.235-242)[10]。

(1) 消費者の権利の尊重と消費者の自立の支援
　① 消費者の安全・安心の確保
　② 消費者の自主的かつ合理的な選択の機会の確保
　③ 消費者に対する啓発活動の推進と消費生活に関する教育の充実
　④ 消費者の意見の消費者政策への反映と透明性の確保
　⑤ 消費者の非該当の救済と消費者の苦情処理・紛争解決の促進
(2) 地方公共団体,消費者団体等との連携・協同と消費者政策の実効性の確保・向上
　① 地方公共団体への支援・連携
　② 消費者団体等との連携
　③ 事業者や事業者団体による自主的な取組の促進
　④ 行政組織体制の充実・強化

(3) 経済社会の発展への対応
　① 環境に配慮した消費行動と事業活動の推進
　② 高度情報通信社会の進展への的確な対応
　③ 国際化の進展への対応

　規制緩和や国際化，情報化の進展のなかで，今後消費者は名実ともに保護される立場ではなく自立を支援される立場になる。先にもみたように，消費者関連法規もかなりの程度整備されてきた。民事ルールとして成立したPL法もしかりである。行政の立場からすれば，法規は整備されたのだから，このような法規にしたがい，消費者の自立を支援するとでもいうのであろう。しかしながら，21世紀に入ってからも，深刻な消費者問題の発生は後を絶たず，自立支援が真に正しい道であるのかといえば，それには大いに疑義をはさまざるをえない。

3. 消費者運動の展開

　資本主義のもとでの「消費者主権」は名目的なものにすぎない。というのは，先にも述べたように，そもそも消費者は生産と生産物とに対する支配をもたないからこそ消費者たりうるからである。もちろん，自由競争段階と独占段階で事情はことなるものの，資本主義のもとでの「消費者主権」は結局のところ，描かれた餅なのである（森下1974，pp.193-194）。

　戦後消費者運動の先駆けであるアメリカにおいては，1962年当時のケネディ大統領が議会に特別教書を送り，①安全を求める権利，②知らされる権利，③選択する権利，④意見を聞いてもらう権利，という**消費者の4つの基本的権利**を指摘し，消費者諮問委員会の設置がなされる等盛り上がりをみせ（森下1974, pp.217-218），今日ではわが国でもいわれて久しいコンシューマリズムなるものもこのころ登場した。

　消費者運動は広義には生活協同組合運動をふくめて理解されている[11]。
　表11-2にあるような消費者関連法規や消費者行政組織が組織されるにい

たったのは，消費者問題の深刻化によるのはもちろんのことであるが，とりわけ戦後マーケティングが本格的に普及するようになって展開された消費者運動の成果であることはまちがいない。その主体となったのが，消費者運動団体である。その連携も国内のみならず国際的に広がっている。1960年に国際消費者機構 (International Organization of Consumers Union, IOCU. 1995年に，Consumers International（CI）に改称）の結成以降，その国際的連携の強化から消費者運動もさらに強力になったといってよい。その歴史的展開について詳細をのべるのは紙幅の関係上困難であるが，今日においてもその役割は小さくないといってよい。

今日の消費者運動は，地球環境問題や食料自給問題さらには消費者の権利と責任を重視する新たな局面に移ってきているといってよい。消費者運動団体の役割はますます重要である。これまでの消費者運動の成果もあって，2001年4月には「行政機関の保有する情報の公開に関する法律」（情報公開法）が施行（1999年5月成立・公布）され，行政情報の獲得が以前に比し容易になった。今後の運動の前進が期待されている（保田 1999, pp.220-221）。

第4節　真の意味での消費者保護政策実現に向けて

今日の消費者問題の特徴としては，いくつかあげられる。①依然として，消費者問題はなくなるどころか，悪質化する面をもっている，②製品不良から生じる人命や健康への被害はいっこうになくなる気配がない，③グローバル化のさらなる進展も手伝って，食品・添加物の問題が多発している，④情報化のさらなる発展のもとインターネットなどITに関わって，詐欺の問題が若年層を中心に横行している，⑤高齢者を対象とした詐欺が横行している。

主として，第2節で定義したような消費者が被害・犠牲を被っており，救済されたとは言い難いケースが多数存在する。その意味において，わが国の消費者政策は決して消費者保護政策とはなっていないのである。

今日においても，契約をめぐるトラブルや製品の安全性に関する問題等依然

として多くの消費者問題が存在する。**国民生活センター**の調査によれば，消費者契約法に関連した消費生活相談は，この2004年には，1,919,674件だった（独立行政法人国民生活センター編 2012, p.11）。今日では減少傾向にあるものの，依然として高水準にあることは確かである（表11-3参照）。国民生活センターが2012年9月末日までに把握した，法に関連する主な裁判例は249件である[12]。製品の安全性の問題については，工業製品，食品を問わず近年の例をあげれば枚挙に暇がない。これには近年の規制緩和の進行やグローバル化，情報化と無縁ではない。むしろ，強い相関関係があるといえよう。

最後に，最近の動きについて概観してみよう。

まず，2006年に消費者契約法改正がなされ，消費者団体訴訟制度の創設が実現されたことは，消費者にとっては追い風となる。

また，2008年に福田康夫内閣のもとで創設が謳われ，多くの消費者団体等が大きな期待を寄せるなか検討されてきた消費者庁が2009年9月1日に発足した（消費者庁企画課編 2010, p.12）ことは，わが国の消費政策史上，画期的なことである[13]。

わが国においては，とりわけ1990年代以降規制緩和が推し進められるなか，消費者政策は保護とは対極の方向に進みつつあったが，ここにきて，製品・食品をめぐる事故や事件の統発により縦割り行政への国民の不信が一気に強まっ

表11-3　消費者契約法に関連する消費生活相談の総件数の推移

年度	2007	2008	2009	2010	2011
相談総件数	1,050,826	950,550	902,208	896,823	882,284
「販売方法」に関する相談件数	426,138 (40.6)	369,053 (38.8)	344,090 (38.1)	369,970 (41.3)	400,969 (45.4)
「契約・解約」に関する相談件数	855,872 (81.4)	761,628 (80.1)	705,959 (78.2)	675,271 (75.3)	618,863 (70.1)

* （　）内の数値は，相談総件数のうちの割合（％）。
* 「販売方法」，「契約・解約」は複数回答項目。
* データは2012年9月末日までのPIO-NET（全国消費生活情報ネットワーク・システム）登録分。
出所：「国民生活センターホームページ」（http://www.kokusen.go.jp/soudan_topics/data/syoukeihou.html）（2013年1月27日）。

たことで,はからずも消費者庁の創設がかなったのである。同庁は,表示や取引,安全などに関連する29の法律を各省庁から移管,または共管されたものになっているが(『現代消費者法』編集部編 2009, pp.8-13),消費者庁創設によって,消費者保護政策がスムーズに展開されると断言することは到底できない[14]。最初にも述べたように,真の意味での消費者保護政策実現に向けて新たなステージのプロローグを迎えたにすぎないのである。というのは,とりわけ高度経済成長期以降の消費者問題には未解決のままに残されているものが多いだけでなく,これまでの企業とりわけ巨大企業ないし事業者優先の政策姿勢が大きく転換するとは到底考えられないからである。

　いずれにせよ,消費者問題は,環境問題や平和問題も含めて多岐に及ぶが,これらはいずれも消費者の生命身体を脅かすものになることを忘れてはならない。消費者政策は名実ともに「保護」から「自立支援」へと転換してきたが,消費者庁の創設等により,振り子の揺れが若干方向転換したとはいえ,情報の非対称性の存在など依然として消費者が不利な立場に置かれていることはまちがいない。現行の消費者政策の姿勢が改められない以上,さらなる消費者運動の展開等によって,消費者政策を消費者保護政策に近づける不断の努力がなされる必要がある。

(本章は,真部 和義「現代の消費者と消費者問題」加藤 義忠・齋藤 雅通・佐々木 保幸編『現代流通入門』有斐閣,2007年,pp.215-235,の原稿を一部加筆・修正したものである。)

注
1) 消費者基本法においては,同法の基本理念について述べた第2条で,「消費者の利益の擁護及び増進に関する総合的な施策」を「消費者政策」と呼んでいる。
2) 森永ヒ素ミルク事件については,和解に至るまでに原因究明から約20年を要しており,またその和解も法制が不備な時代であったとはいえ,数名の無償の努力から始まったことが,暉峻 2012, pp.234-235で紹介されている。水俣病等についても同様であるが,つまり,この時期の消費者政策の消費者疎外,企業ないし事業者優先の政策姿勢を明確にみてとることができる。
3) たとえば,2009年に成立した消費者庁関連3法の1つである消費者安全法では,

第 2 条において，「『消費者』とは，個人（商業，工業，金融業その他の事業を行う場合におけるものを除く。）をいう」と定義されている。
4) 消費者保護政策の主たる対象は，このような「消費者」である。
5) 本項の記述は，保田 1999, pp.200-201 に従う。
6) しかしながら，数々の消費者問題の発生にみられるように，その実態として，消費者が必ずしも「保護」された存在であったとみることはできない。これについては，後述する。
7) より詳細は，高橋 1994, 第 4 章を参照されたい。
8) 朝見行弘は，2011 年 5 月に製品の自主回収が発表された「お茶石鹸」を例にとり，この事件を契機に，製造物責任法をより実効性のあるものとするため，同法の検証と見直しに着手すべき時期にきているのではないかと問題提起されている（朝見 2011, p.1）。
9) 消費者保護基本法に関しては，制定当初からさまざまな問題点が指摘されていた。法として「無内容」であるばかりか，消費者の権利にたいする認識がない，消費者の権利確保のために，独占禁止法のはたすべき重要な役割についての認識がない，消費者の関係主体にたいする権利・義務の体系になっていない，根本的な産業構造のあり方におよぶ施策等についての政策視点が矮小化されている等の問題点が指摘された（岩下 1984, pp.149-151）。

以上のような問題点からみても，本法が消費者を実質的に「保護」していたとは到底いいがたいが，構造改革というお題目のもとに規制緩和が進展するなか，消費者基本法への改正により，名実ともに消費者「保護」の観点，ひいては弱者保護の観点がまったくなくなってしまったといっても過言ではない。近年における消費者問題の多発化はその証左であるといえよう。
10) 2005 年 4 月 8 日に閣議決定された消費者基本計画について，概要は（真部 2007, pp.230-231）を参照されたい。なお，この基本計画では，毎年度，計画に盛り込まれた施策の実施状況について，検証・評価・監視を行うほか，検証・評価の結果と計画の見直しについて閣議決定を行い公表することによって，翌年度の施策に確実に反映させるとしている（消費者庁企画課編 2010, p.17, pp.241-242）。
11) 生活協同組合運動等については，（木立 2007,pp.145-164）を参照されたい。
12) 「国民生活センターホームページ」(http://www.kokusen.go.jp/news/data/n-20121101_3.html)（2013 年 1 月 27 日）。
13) 消費者庁・消費者委員会の評価については，『現代消費者法』No.13, 株式会社民事法研究会，2011 年，に詳しい。
14) もちろん，消費者行政全般に対して監視機能を有する独立した第三者機関としての消費者委員会の存在は重要である。同委員会は，消費者庁が内閣府の外局であるのに対し，内閣府に設置された。企業ないし事業者優先の政策姿勢が抜けきらない消費者政策にとっては，同委員会の機能は非常に重要な意味をもつといってよい。

(参考文献)

1) 朝見 行弘（2011）「製造物責任法の検証に向けて」『現代消費者法』No.13，株式会社民事法研究会。
2) 岩下 弘（1984）「消費者行政の現状と課題」森下 二次也監修，柏尾 昌哉・小谷 正守編『現代日本の消費生活』（講座 現代日本の流通経済 第5巻）大月書店。
3) 宇沢 弘文・内橋 克人（2009）「新しい経済学は可能かⅠ－新自由主義の正体－」『世界』2009年4月号。
4) 木立 真直（2007）「協同組合と流通」加藤 義忠・齋藤 雅通・佐々木 保幸編『現代流通入門』有斐閣。
5) 「現代消費者法」編集部編（2009）『消費者庁法令集－解説・関連三法・政令・府令・所管法〔現代消費者法別冊〕』株式会社民事法研究会。
6) 消費者庁企画課編（2010）『ハンドブック消費者2010』全国官報販売協同組合。
7) 高橋 文利（1994）『競争政策・消費税・PL法』中公新書。
8) 暉峻 淑子（2012）『社会人の生き方』岩波新書。
9) 独立行政法人国民生活センター編（2012）『消費生活年報 2012』独立行政法人国民生活センター。
10) 内閣府国民生活局編（2007）『ハンドブック消費者2007』国立印刷局。
11) 真部 和義（1995）「規制問題と消費者利益」柏尾 昌哉『現代社会と消費者問題』大月書店。
12) 真部 和義（2007）「現代の消費者と消費者問題」加藤 義忠・齋藤 雅通・佐々木 保幸編『現代流通入門』有斐閣。
13) 森下 二次也（1974）『現代の流通機構』世界思想社。
14) 保田 芳昭（1999）「消費者問題・環境問題とマーケティング」保田 芳昭編『マーケティング論[第2版]』大月書店。

第12章 流通政策の国際比較

本章の構成
第1節　流通政策の国際比較の意義
第2節　流通政策の2つのタイプ
第3節　欧米の流通政策

本章のポイント

　本章では第1に，資本主義の下で，流通に対する公共政策（流通政策）が実施されるメカニズムや流通政策の2つのタイプについて理解を図る。第2に，大型店に対する出店規制政策を中心に，諸外国で行われている流通政策の多様性を学ぶ。その際，第1に上げた流通政策の2つのタイプの観点をふまえて理解する。第3に，諸外国の流通政策を学ぶことによって，日本の流通および流通政策の特質や方向性について考える。以上を通して，資本主義の発展したいずれの国においても，何らかの流通政策が施行されていることを理解してもらいたい。

- 第1節では，流通および流通政策を国際比較する意義や注意点について説明する。
- 第2節では，資本主義の発展と流通政策の関係や流通政策の2つのタイプについて説明する。
- 第3節では，流通政策の2つのタイプにあわせて，欧米の流通政策について説明する。

第1節　流通政策の国際比較の意義

1．流通の国際比較

　第I編を通して流通政策の歴史や概要について説明してきたが，流通政策のあり方や有効性をいっそう深く学ぶには，諸外国の流通政策を比較検討することが重要となる。そして，流通政策のみならず流通に関する国際比較（**比較流通**）は，さまざまな国の流通を比較することによって，国家間の流通システムの差異性や同質性を見出し，それらがどのような経済・社会的状況の下で生み出されるかを明らかにするために進められる（田島・宮下編1985, p.2）。

　このような比較流通を多国間レベルで行うことによって，自国の流通の発展水準を相対的に位置づけることができるほか，経済発展と流通の進化との関連について理解したり，多様な流通機関とりわけ小売業態の発展について学んだりすることができる。

2．流通政策の国際比較の意義

　そして，諸外国の流通政策を比較し，各国間における政策の差異性や同質性を認識することは，次のような意義を有する。

　第1に，流通政策の多様性を理解することができる。発展した資本主義国であっても，流通政策は一律に適用されるわけではなく，各国に固有の方法で実施される。同様の流通問題を抱えていても，各国の社会経済的な個別事情を背景に，流通政策は多様な理念，手法によって実行されるのである。

　第2に，流通政策の国際比較を通して，わが国の流通政策や流通システムの特質をいっそう明らかにし，わが国の流通政策を国際的水準のうえに位置づけることができる。たとえば，これまでわが国では，欧米諸国と比べて「流通の発展の遅れ」や流通政策の保護主義的側面が指摘されてきたが，諸外国の流通政策や流通システムを比較検討することによって，そのような指摘に対して検証を加えることができる。

第3に，各国の流通政策から学ぶべき点を取り入れ，現在の流通政策を評価し，また今後の流通政策のあるべき姿を描く際に生かすことができる。わが国では，1980年代後半から流通規制緩和が進められ，現在では大型店に対する経済的規制としての出店規制は行われていない。この流通規制緩和の推進も，諸外国の流通政策の動向を学ぶことによって，その是非を検討することができるのである。

　諸外国の流通政策を比較する意義は以上のとおりであるが，次に流通政策を国際比較する際の視角を示す。

　第1に，比較対象国の経済や社会の発展状況を把握しなければならない。その場合，対象国の資本主義発展の水準はもちろん，生産構造や消費構造，そして商業構造の変化を具体的に考察することが重要である（バッツァー・鈴木編 1985, p.204）。さらに，社会的な変化をとらえることも必要となる。これらはすべて，流通政策の形成やその運用の変化を促す要因となるものだからである。

　第2に，政策主体なかでも政府の姿勢を理解しなければならない。流通政策の方向は，政策の遂行にあたる政府の態度によって大きく左右される。端的には，政策主体である政府のスタンスいかんによって，現実の流通政策は大企業本位にもなるし，国民の立場に立つものにもなりうる。また，小売業や流通システム，経済全般をどのような方向に誘導していくのかといった政策理念によっても，流通政策は異なったものとなる。

　第3に，政策形成やその運用への政策対象，たとえば大型店や中小小売業への作用を考慮しなければならない。大型店問題を例にとると，まず大型店出店規制政策やその強化を求める中小小売業者の組織化の状況およびその運動の強弱によって，出店規制政策の内容等が異なってくる。また，規制の撤廃ないし緩和を要求する大型店側の動向等も，出店規制政策のあり方に影響を及ぼす。このような**利益集団**の政治的力量を，政策形成およびその変化の過程に位置づけることも重要である。

　このように，諸外国の流通政策を国際比較するには，政治経済学的アプローチが不可欠なのである。

3. 流通政策を国際比較する際の注意点

各国の流通政策を比較するに際して,いくつかの課題も存在している。その最大のものが,**比較可能性の問題**である。流通にかかわらず国際比較を行う場合,そもそも地理的・文化的・経済的・社会的に異なる国を比較することができるのかといった根本的な問題が存在するが,流通の国際比較を行う場合,次のような困難性が生じる。

それは,統計データにかかわる問題である。まず,流通や商業に関する基礎的統計データの入手が容易ではない。そして,そのデータの調査基準や方法等の相違から,それらを各国間で比較することが困難となる。さらに,調査基準や方法の変更に基づく時系列データの不連続性といった問題もある(田島編著1984,pp.160-161)。

このような問題が存在する以上,流通政策あるいは流通システムの国際比較は,厳密なものとはなりえない。しかしながら,できるかぎり各国の統計データに時系列的な連続性をもたせたり,各国間で比較可能な範囲に加工したりすることによって,一定程度の比較は可能となる。

4. 流通政策と消費者利益

第Ⅰ編で学んだように,流通政策の内容は大型店の出店規制を主な内容とする流通調整政策のほか,流通振興政策(流通近代化政策,中小小売商業振興政策,物流効率化政策)や流通競争政策(独占禁止政策)など経済政策的領域に位置するものに加えて,都市政策や環境政策につながるものまで多岐に及ぶ。したがって,流通政策と消費者利益との関係を論ずるには,多方面からのアプローチが必要となるが,ここでは,流通調整政策に限定して説明する。

流通調整政策の有無や方法,運用の強弱によって,大型店の出店は相当程度影響を受ける。大型店の出店と消費者利益の関連は,おおむね①価格面,②店舗選択面,③商品選択面の3つに集約される。一般的に,大型店の出店増加はこれら3つの側面で,消費者利益を向上させるといわれるが,中長期的にみた場合,消費者利益を低下させることもある。たとえば,第3節でみていくイギ

リスの場合，大型店の出店活動に対する規制は直接的には行われていない。その結果，イギリスでは，小売販売額の大規模小売商への上位集中化が過度に進んでいる（加藤・佐々木編著 2006, pp.182-189）。イギリスの研究者によれば，過度の集中が商品の販売価格を上昇させているという研究成果もある。反対に，大型店の出店活動を直接的に行うフランスでは，**ハイパーマーケット**の出店がある程度抑制されている。これによって，消費者は相対的に高い価格での商品購入を余儀なくされているという議論もある（佐々木 2011, p.52）。

このように，流通調整政策を含む流通政策と消費者利益の関連は，短絡的に論じることができないのである。そこで重要となるのは，諸外国とりわけ先進資本主義国の流通政策を比較検討し，消費者利益を中長期的かつ多面的に把握していくことである。

それでは次に，諸外国の流通政策を比較検討する際に有効となる，流通政策を2つの視点から理解する方法をみていこう。

第2節　流通政策の2つのタイプ

1. 資本主義経済と流通政策の展開

流通政策とは，流通過程を対象とする公共政策である。その主体は国家や地方自治体であり，流通政策とは，これら公的機関が流通過程に対して介入あるいは干渉を行うことである。このような流通過程への公的介入は，資本主義が独占段階に入ってから本格的に行われるようになった（バッツァー・鈴木編 1985, p.122）。

資本主義の自由競争段階では，国家は経済活動に対して基本的には自由放任の姿勢をとっていたといってよい。国家の流通への介入も，売買の自由という流通の形式的枠組みを維持したり，**流通の一般的基盤**を整備したりすることを通して，資本主義体制を保持することに主眼がおかれていた（加藤 1986, p.136）。

しかし，資本主義が自由競争段階から独占段階に移行するのに伴い，国家の流通への介入も流通の外形的枠組みを整備するだけでなく，流通活動の中味へ

の干渉へとその比重を移すようになる（加藤 1986, pp.140-141）。というのも，高度に発達した資本主義の下では，生産と消費の矛盾すなわち**市場問題**が激化するが，この市場問題への公的対応が求められるようになるからである。国家は，国内外市場の開発・深耕による内包的拡大を行ったり，戦争や後進国開発を通じての市場の外延的拡大をはかったりして，市場問題を緩和しようとする。このように，資本主義の独占段階においては，市場問題の激化を背景にして流通政策が，流通活動の中味にも踏み込んで，恒常的かつ強力に行われるようになるのである。

2. 流通政策の2つのタイプ

　流通政策，言い換えると，国家の流通過程への介入は，大別して，**流通の外的形式面への介入**と**流通の内的活動面への介入**とに区分できる。前者は，私的所有に基づく売買の自由という流通の外的形式的枠組みを保持したり，流通過程の一般的な基盤を整備したりすることを主な内容とする。具体的には，独占禁止政策や物流基盤の整備，都市開発，商業立地基盤の整備などを通じて展開される（加藤 1986, p.138）。後者は，国家による国内外市場の創出あるいは商業活動への介入として行われる。商業活動への国家的介入は，大規模小売商と中小小売商との間の摩擦の緩和，中小小売商の振興という2つを通して実行される。

　このように，流通政策は流通や商業の活動に直接関与するものと，いわばその外枠を整備するものとによって構成されるのである。そして，流通政策の国際比較はこの2つのタイプを中心に，整理し検討することができる。国家の流通過程への介入のうち，流通の外的形式面への介入形態を代表するのがイギリスの「**都市・農村計画法**」であり，流通の内的活動面への介入形態の代表例がフランスの「**ラファラン法**」（商業・手工業の振興・発展に関する法律，旧「ロワイエ法」）であるといえる（加藤・佐々木・真部 2006, p.229）。

　イギリスでは「都市・農村計画法」の下で，市場競争原理を重視し，流通活動の内面への介入が控えられ，小売商業政策は主に都市政策の枠内で講じられ

表12-1 欧米諸国における大型店出店調整内容の比較

	フランス	ベルギー	ドイツ	イギリス	アメリカ
根拠法	「ロワイエ法」(「ラファラン法」)(商業・手工業基本法)	「商業活動調整法」(1975年6月29日法)	「建築利用法」(連邦建設法の施行令)	＊直接規制する法律はない ＊「都市・農村計画法」による開発行為の許可	＊連邦法はない ＊いくつかの州法が都市計画の観点から規制
制定年	1973年(1996年)	1975年	1962年	1947年	
規制の目的	＊中小小売商の保護 ＊業態間競争の維持 ＊都市計画との整合	＊大型店の規制 ＊都市計画との整合	＊都市計画との整合(中小小売商の保護は含まれていない)	＊スプロール化の阻止 ＊街の中心地衰退の阻止	＊住民の安全・健康・倫理・福祉(環境・交通・景観)
規制の対象	●店舗の新設 売り場面積300㎡超 ●店舗の増築 ●店舗の改築	●店舗の新設 ＊ゾーン1(人口密集地)床面積3,000㎡超または売り場面積1,500㎡超 ＊ゾーン2(その他の増減)床面積1,000㎡超または売り場面積750㎡超	●小売店舗の新設 ＊床面積1,200㎡以上 売り場面積800㎡以上 ●現金持ち帰り卸売業の店舗(消費者への販売比較10%以上)	＊小売開発を含むすべての開発行為 ＊郊外型大型店(政府の通達による自治体の指導)	＊大規模小売施設は許される地区のみで開発が可能 ＊ゾーニング変更(リゾーニングは可能)
規制の方法	建築の許可	●店舗の増改築 建築の許可	出店地区の制限「中心地区」と「ショッピング・センターおよび大店地区」のみ	都市計画による立地制限	ゾーニング条例による土地の用途の規制
決定の主体	①「商業都市計画県委員会」 ＊決定に不服の場合は ②「商業都市計画国家委員会」	①「社会経済国家委員会」 ＊却下されれば上訴できない ②「商業関係者県委員会」 ③市委員会 ＊②③の決定に不服の場合は ④「商業関係者国家委員会」 ⑤「関係大臣委員会」	市町村議会	①地方自治体(県と市) ＊上訴できる ②環境大臣	①地方自治体当局(郡・市町村)ゾーニング委員会，公聴会，地方議会，自治体の首長 ②裁判所に上訴できる

出所：鈴木・関根・矢作編 1997, p.153。

ている。これに対して、フランスでは「ロワイエ法」を有し、都市政策との連携を重視しながら、商業活動への直接的な介入が行われている。先進資本主義国では、これらのいずれかの方法を採用することによって、大規模小売業の出店活動に対して何らかの規制が実施されている（表1-1）。

　都市計画の範囲内で大規模小売商の出店活動を規制する「イギリス型」の方法は、ゾーニング（土地の利用規制）の観点も含めると、アメリカやドイツでもみられる。大規模小売商の出店活動を直接規制する「フランス型」の政策は、イタリアやベルギーで行われている。ヨーロッパ諸国では、小売業の営業時間規制も実施されており、大規模小売業の事業活動に対する規制は、相対的に厳しいといえる。比較的、大規模小売業の事業活動に対する規制が緩やかとおもわれるアメリカでも、州レベルでは厳しい**ゾーニング制度**を有している。

　それでは、流通活動に対して直接的に規制を行うフランスの流通政策を説明し、その後、流通活動に対する直接的な規制を行わないイギリス、ドイツ、アメリカの流通政策を大型店に対する出店規制政策（流通調整政策）を中心にみていこう。

第3節　欧米の流通政策

1．フランス

　戦前には百貨店に対する規制等が存在したが、フランスで流通政策が本格的に行われるようになるのは、戦後の経済成長期以降のことである。1949年以後の経済成長期を通じて、フランスでは商業を取り巻く環境変化が大きく進んだ。国内における諸変化やEC（ヨーロッパ共同体）の結成、アメリカ資本の参入といった諸問題に対応するために、1960年代に入って、流通の近代化が政策課題として取り上げられるようになった（佐々木2011, pp.21-23）。

　同時期に、新しい小売形態（業態）である**ハイパーマーケット**が急成長し、中小零細小売商が商店数を減少させる等、フランスの小売商業構造は大きく変化した。流通の近代化と同時に、中小小売商業問題が政策対象化されることと

なった。

　流通近代化と中小小売商業保護を目的とする流通調整政策が，1973年に制定された「**商業・手工業基本法**」（担当大臣の名を冠して，通称**ロワイエ法**と呼ばれる）によって実行されるようになった。同法は，フランスにおける積年の課題であった，中小零細小売商に対する社会保障制度問題や若年層の失業問題に対処する側面を有している。それゆえ，同法は都市計画制度と連動した大型店の出店規制のみならず，中小小売商業振興政策や独占禁止政策，さらには社会保障制度，職業訓練等も兼ね備えた総合的な法体系をとっている（佐々木2011, pp.37-39）。

　大型店の出店活動に関しては，まず県レベルの審査委員会で出店の是非をめぐって審査が行われ，許可あるいは不許可の裁定が下される。すなわち，許可制を採用している。出店却下裁定が下された場合，不服のある企業は大臣に対して不服申し立てを行い，国家レベルで再審査が行われる。同法の運用上の特徴は，ハイパーマーケットに対して比較的厳しい裁定を行ってきた点にある。大型店を一律に規制にするのではなく，業態または企業（たとえば，カルフールに対する裁定は厳しい）に応じて柔軟に対応している点も注目される（佐々木2011, pp.46-49）。

　また，同法の運用は法施行当初は厳しかったが，1980年代後半に規制緩和が進んだ。その結果，1990年代には大型店の出店活動が活発化し，中小零細小売業がいっそう衰退するようになった。

　このような状況に応じて，同法は1980年代後半以降，数度にわたって改正されたり，政令やアレテによって補強されたりしてきた。その集大成が，1996年に制定された「**商業・手工業の振興・発展に関する法律**」（**ラファラン法**）である。ラファラン法では，売り場面積300平方メートル超の店舗の新設等が規制対象にされると同時に，店舗面積6,000平方メートル超の案件に対して別規定を設ける等，大型店の出店活動に対する規制が大幅に強化された（田中2007, p.69）。これには，流通機構の多様性を確保するとともに，相対的過剰人口のプールとして中小零細小売商の存在を重視するフランス流通政策の特

質が反映されているのである。

　ただし，ラファラン法の運用も 1990 年代の終わりには緩やかになり，フランスでは，カルフールなど大規模小売業の地位の上昇が進んでいる。**EU（ヨーロッパ連合）** における公共政策間の調整にも迫られ，**経済近代化法（LME）** が 2008 年に制定されることとなった。同法は，フランス経済の成長を促進するよう市場競争を重視した内容になっている（田中・白石・相原・河野編著 2010, pp.110-114）。

　なお，フランスでは，「政府に法の簡素化を授権する 2003 年 7 月 2 日の法律第 2003-591 号」が制定され，ラファラン法などの流通関連法も商法典にまとめられている。

2. イギリス

　イギリスでは，出店規制，営業時間規制，競争の維持・促進の 3 つの側面から流通政策が行われている。出店規制は「1990 年**都市・農村計画法**」(Town and Country Planning Act 1990) で，営業時間規制は「1994 年**日曜営業法**」(Sunday Trading Act 1994)，競争政策は「2002 年**企業法**」(Enterprise Act 2002) に基づいて行われている（加藤・佐々木編著 2006, pp.190-191）。これらのなかで，小売業の出店規制政策に関連する領域について説明する。

　産業革命をへて，いち早く資本主義化をとげたイギリスでは，同時に都市労働者の衛生問題や住宅問題などを 19 世紀から抱えていた。それゆえ，20 世紀初頭から都市計画に対応する法制度が整えられ，1925 年には「都市計画法」が成立した。そして，同法における「開発計画」を事前に規制できるようにした「都市・農村計画法」が，1947 年に成立した。

　同法制定後の 1950 年代に，イギリスの小売商業構造は大きく変化した。スーパーマーケットが急激に成長し，独立の中小小売商の経営が圧迫されたのである。タウンセンターにおけるショッピングセンターの建設促進は，このような状況に拍車をかけていた。しかしながら，イギリスでは 1970 年代まで，小売業とりわけ大規模小売業の出店問題が政策課題となることはなかった。

1960年代末と1970年代初頭の都市・農村計画法の改正によって，ようやく小売業と都市計画との関連が取り上げられるようになったが，1980年代中頃になると商業施設の郊外建設が増加するとともに，都市計画による土地利用規制もサッチャー政権下で規制緩和が進められた。サッチャー政権は，1988年に従前のDCPN（Development Control Policy Note）を改め，**PPG6**（Planning Policy Guidance Note 6）をまとめ（加藤・佐々木編著 2006, pp.190-191），小売業や開発計画，消費者行動の変化に対応すべく，新しい小売開発を促進する方向を示した。

　その結果，イギリスでは1980年代後半以降，郊外地域での小売業の開発が増大し，中心市街地の衰退が目立つようになった。それゆえ，PPG6は1993年と1996年に改定され，タウンセンターすなわち中心市街地における小売開発を促進し，小売業の郊外における開発を抑制するようになった。

　しかしながら，このことがイギリスの流通政策を根本的に変化させたわけではなく，また大規模小売業者による新たな業態開発を誘発することにもなり（たとえば，テスコの都市型スーパー「メトロ」の開発など），1990年代後半以降のイギリスでは，小売業の売上高上位集中化が過度に進行するような事態を引き起こしている。

　営業時間規制政策の変化も，同様の効果をもたらした。「1950年**商店法**」を改定し，「1994年日曜営業法」が制定されたが，同法に基づいて，売り場面積280平方メートル以上の小売店が，それまで禁止されていた日曜営業を6時間（午前10時〜午後6時の間）にかぎり認められることとなった（岩下 2007, pp.102-104）。同280平方メートル未満の小売店の日曜営業は，原則自由である。この改定によって，イギリスでは大規模小売業者による小型店舗開発（たとえば，コンビニエンスストア）が本格化した。

3. ドイツ

　ドイツの流通政策も，イギリス同様に，大型店の出店規制を都市計画の一環として行っており，同時に日曜営業や営業時間も「**閉店法**」（1956年制定）に

基づいて規制している。

ドイツでは,「連邦建設法」(1960 年) を受け継いだ「建設法典」(1986 年制定) を基礎にして,市町村レベルで「建設基本計画」が設定され,土地利用計画 (F プラン) と地区詳細計画 (B プラン) が作成される (横森 2002, pp.76-80)。用途規制については,連邦**「建築利用令」**(1962 年制定, 1968 年, 1977 年, 1986 年, 1990 年改正) に示される (阿部 2001, p.17)。F プランはいわゆるマスタープランに相当し,B プランによって土地利用に関する用途区分が具体化される。たとえば,大型店やショッピングセンターは,当該地域の B プランに定められた特定の「地区」にしか建設が認められない。

ドイツでは,1960 年代に**セルフサービス百貨店**に代表される新興小売業が急成長し,独立中小小売業が激減するような構造変化を経験した。そのような状況も影響し,大型店の立地規制は 1970 年代後半から本格的に行われるようになった。その結果,一定程度大型店の出店は抑制されるようになったが,ドイツでも,大型店やショッピングセンターの建設は郊外地域が志向されるようになり,1980 年代後半には中心市街地の活性化が主要課題となった。具体的には,市町村レベルで B プランに該当しない地区 (「連たん市街地」「外部区域」など) への大型店やショッピングセンターの建設が増加したのである。ドイツにおいても,現在,大型店の出店に関して,商店街など既存商業集積と相乗効果のはかれる立地 (統合型立地) が都市計画上重要視され,反対に郊外地域に単独出店する「孤立型立地」が批判されている (阿部 2001, pp.220-221)。

次に,小売店の営業時間についてであるが,**「閉店法」**によって,平日は午前 6 時～午後 6 時 (土曜日は午後 2 時),日曜日は原則営業禁止とされているが,駅構内の店舗やガソリンスタンドなどは適用除外され,最近では規制の緩和が進められている。この政策を消費者利益との関連で評価すれば,消費者の利便性が損なわれると考えられるが,商業労働者の立場やキリスト教文化との関連では,営業時間規制という流通政策の重要性は認められよう。この点はイギリスも同様である。

4. アメリカ

　アメリカも大型店の出店活動に直接関与する政策を有さない点で，イギリスやドイツと同じ特徴をもつ。大型店の出店活動に関しては，**ゾーニング制度**に沿って土地利用規制の枠内で行われる。しかも，このゾーニング制度は連邦レベルではなく，標準ゾーニングおよび標準都市計画に関する授権法に基づいて州政府や市町村（地方自治体）レベルで実行されている。

　個別の開発計画について，自治体はコミュニティの「健康・安全・モラルあるいは一般的福祉」を目的として開発許可に関する決定を下す（福川 1997, pp.40-41）。したがって，建前としては，大型店の出店を商業調整の側面から判断することはないが，実際は，当該地域の中心市街地商業に及ぼす影響を考慮して開発計画に不許可の結果が下されることもあり，近年その傾向が現れてきている。

　近年，アメリカでは，**ウォルマート**やコストコなどの出店に対して，地域の環境や賃金水準などへの影響に加えて，地域商業に及ぼす影響を重視して，出店反対運動が高揚するケースが各地でみられる。実際，ウォルマートの出店などに対して，土地利用規制上認めないケースが増加している。ここで，重要な役割をはたすのが地域住民の態度である。アメリカでは，一連のゾーニング制度において，地域住民のはたす役割は大きい。たとえば，ニューヨーク市では，**住民協議会**（Community Board）が制度上明確に位置づけられており，決定権限はもたないが，区長や市議会の判断に影響力を有している（福川 1997, pp.140-143）。また，住民投票によって，ウォルマートなどの出店を認めない方法も各地でとられている。

　さらに，「均質化店舗」（チェーン店）の立地規制や，店舗面積にCapを設けて基準店舗面積を超える建設計画を認めない方法を採用する自治体も存在する（原田 2008, pp.248-245，矢作 2005, pp.100-104）。アメリカは経済活動に対する規制がほとんど行われていないと思われがちであるが，現実には，地域レベルで大型店の出店活動に対してさまざまな規制が実施されているのである。

(付記) 本章は岩永忠康・佐々木保幸編著 (2008)『流通と消費者』慶應義塾大学出版会所収の第 14 章「流通政策の国際比較」(佐々木保幸著) を修正したものである。

(参考文献)
1) 阿部 成治 (2001)『大型店とドイツのまちづくり』学芸出版社。
2) 伊東 理 (2011)『イギリスの小売商業 政策・開発・都市』関西大学出版部。
3) 岩下 弘 (2007)『イギリスと日本の流通政策』大月書店。
4) バッツァー・鈴木 武編 (1985)『流通構造と流通政策』東洋経済新報社。
5) 岡村 明達・片桐 誠士・保田 芳昭編 (1984)『現代日本の流通政策』大月書店。
6) 加藤 義忠 (1986)『現代流通経済の基礎理論』同文舘。
7) 加藤 義忠監修・日本流通学会編 (2006)『現代流通事典』白桃書房。
8) 加藤 義忠・佐々木 保幸編著 (2006)『現代流通機構の解明』税務経理協会。
9) 加藤 義忠・佐々木 保幸・真部 和義 (2006)『小売商業政策の展開〔改訂版〕』同文舘出版。
10) 佐々木 保幸 (2011)『現代フランスの小売商業政策と商業構造』同文舘出版。
11) 白石 善章・田中 道雄・栗田 真樹編著 (2003)『現代フランスの流通と社会』ミネルヴァ書房。
12) 鈴木 安昭・関根 孝・矢作 敏行編 (1997)『マテリアル流通と商業〔第 2 版〕』有斐閣。
13) 田島 義博・宮下 正房編 (1985)『流通の国際比較』有斐閣。
14) 田島 義博編著 (1984)『流通のダイナミックス』誠文堂新光社。
15) 田中 道雄 (2007)『フランスの流通』中央経済社。
16) 田中 道雄・白石 善章・相原 修・河野 三郎編著 (2010)『フランスの流通・都市・文化』中央経済社。
17) 原田 英生 (2008)『アメリカの大型店問題』有斐閣。
18) 福川 裕一 (1997)『ゾーニングとマスタープラン』学芸出版社。
19) 前田 重朗 (1998)「イギリスにおける都市計画と小売開発」大阪市立大学経済研究会『季刊経済研究』第 21 巻第 3 号。
20) 保田 芳昭編 (1995)『日本と欧米の流通政策』大月書店。
21) 矢作 弘 (2005)『大型店とまちづくり』岩波新書。
22) 横森 豊雄 (2001)『英国の中心市街地活性化』同文舘出版。
23) 横森 豊雄 (2002)『流通の構造変動と課題』白桃書房。

索　引

(あ行)

アクター　9
圧力団体　9
EU　194
委託販売制　32
一店一帳合制　32
イデア　10
「居抜き」出店　138
ウォルマート　197
SII　29,70
NB商品　63
LME　194
大型店閉店・撤退　134
大型店問題　134
卸売市場法　29
卸商業団地　96

(か行)

改正都市計画法　83,141
外部経済効果　13
買い物難民　108,122
課徴金制度　56
企業・建物主義　74
企業間ネットワーク　99
企業主義　76
企業法　194
疑似百貨店問題　76
基準販売価格　153

揮発油販売業法　29
90年代(の)流通ビジョン　89,121
業種別流通政策　25
行政指導　25
行政的誘導政策　25
競争公平性　13
競争政策　54
距離基準　153
経過政策　25
経済近代化法　194
経済的効率性　89
傾斜生産方式　24
景品表示法　55
建築利用令　196
広域調整　113
公共政策　4
公共の利益　5
公正取引委員会　55
後発資本主義国　22
小売資本の完全自由化　77
小売商業調整特別措置法　29,79
小売商業店舗共同化事業　120
小売商業連鎖化事業　120
混合経済体制　6,23
コンシューマリズム　174
コンパクトシティ　143
コンパクトシティ構想　108
コンビニエンスストア　159

コンプライアンス・プログラム　　57

(さ行)

再販売価格維持契約　　32
再販売価格維持行為　　62
差別的リベート制　　32
産業構造審議会流通部会　　70
産業振興条例　　127
産業政策　　23
産構審　　70
参入障壁　　32
市街化区域　　110
事業活動の不当な拘束　　55
資源配分の効率化　　11
市場の失敗　　6,23
市場の自動調整作用　　6
市場問題　　190
私的独占・不当な取引制限　　55
私的独占の禁止及び公正取引の確保に関する法律　　75,169
社会環境保全性　　13
社会的効率性　　12
社会的有効性　　12,89
借地借家法　　135
住民協議会　　197
酒税法　　29,152
出店調整4項目　　77
酒類小売業緊急措置法　　153
酒類小売業経営実態調査　　157
酒類販売業免許等取扱要領　　152
酒類量販店　　161
小規模酒販店　　158
商業・手工業基本法　　193
商業・手工業の振興・発展に関する法律　　193
商業政策　　5
商業統計表　　155
条件付き届け出制　　142
商調法　　29
商的流通　　4
商店街近代化事業　　120
商店街振興組合法　　88,120
商店法　　195
消費者委員会　　175
消費者運動　　169
消費者基本計画　　175
消費者基本法　　17,166
消費者契約法　　175
消費者主義　　174
消費者政策　　166
消費者庁　　166
消費者の4つの基本的権利　　178
消費者の概念　　167
消費者の権利　　166
消費者保護基本法　　167
消費者保護政策　　166
消費者利益　　12,17
殖産興業　　22
食品スーパー　　160
食糧管理法　　15,29
人口基準　　153
新食糧法　　29
垂直的マーケティング・システム　　58
政策　　5
政策間コンフリクト　　27
政策主体　　9
政策理念　　10
生産第一主義　　24

索　引　201

政治的調整機構　24
製造物責任法　175
製品差別化　61
セルフサービス百貨店　196
全国物価統計調査　154
選択と集中　117
専売店制　32
先発資本主義国　22
ゾーニング制度　192,197

(た行)

第2種大規模小売店舗　79
第一次百貨店法　73
第1種大規模小売店舗　79
大規模小売店舗審議会会長談話　80
大規模小売店舗における小売業の事業活動
　の調整に関する法律　70
大規模小売店舗法　70,134
大規模小売店舗立地法　70,134
対抗力　63
大店審　80
大店法　70, 134
大店立地法　31,70,113,134
第二次百貨店法　75
第一次行政改革審議会答申　29
建物主義　78
縦割り行政　5
たばこ事業法　29
地域商業　88
地域商店街活性化法　124,144
チェーンストア・マネジメント・システム
　64
中央卸売市場法　15
中小企業政策審議会流通小委員会　70

中小小売商業振興法　15,28,88
中小商業近代化政策　28
中心市街地　106,144
中心市街地活性化協議会　117
中心市街地活性化法　83,115,141
中心市街地の空洞化　134
通信制御手段の標準化　98
TMO　115
テリトリー制　32
店舗等集団化事業　120
独占禁止法　15,75,169
特定商業集積法　91
特定商取引法　174
特別用途地区　112
都市・農村計画法　190,194
都市機能　13
都市計画法　110
独禁法　75,169
独禁法ガイドライン　60
徒歩購買圏　122
取引コード　98
取引伝票　98
取引便宜性　13
取引流通　4
トレード・オフ　11

(な行)

内外価格差　29
ナショナル・ブランド商品　63
21世紀に向けた流通ビジョン　90,121
日米構造問題協議　29,70
日曜営業法　194
農産物価格安定法　29
農地法　140

(は行)

バイング・パワー　28
排他的条件付取引　59
ハイパーマーケット　189,192
配分平等性　13
80年代の流通産業ビジョン　89,120
払込制　32
反トラスト法　56
PPG6　195
PB商品　63
比較可能性の問題　188
比較流通　186
平岩レポート　29
VMS　58
フードデザート　122
不公正な取引慣行　28
不公正な取引方法　55
不正競争防止法　55
物的流通　4
プライベート・ブランド商品　63
フランチャイズ契約　66
フランチャイズ・システム　65
ブランド　60
ブランド・ロイヤリティ　61
閉店法　195,196
POSシステム　99
ボランタリーチェーン　93

(ま行)

まちづくり　140,144
街づくり会社　90
まちづくり三法　83,109,141
店会制　32
無過失製造物責任の原則　176

メーカー希望小売価格　153
モータリゼーション　142

(や行)

薬事法　29
野菜生産出荷安定法　29
ヤミ再販　59
優越的地位の濫用　56,64
誘導的市場政策　25
用途地域　111
ヨーロッパ連合　194

(ら行)

ラファラン法　190,193
利益集団　9,187
利益団体　9
流通　4
流通活動の社会的経済性　12
流通競争政策　27
流通近代化政策　93,120
流通系列化　27,58
流通効率化政策　27
流通システム　4
流通システム開発センター　97
流通システム化基本方針　93
流通システム化政策　27,93
流通情報インフラ　97
流通振興政策　28
流通政策　4
流通生産性　13
流通調整政策　28,72
流通の一般的基盤　189
流通の外的形式面への介入　190
流通の社会的機能　6

流通の内的活動面への介入　190
レント・シーキング　16
ロワイエ法　193

執筆者紹介（執筆順。なお＊は編著者）

岩永 忠康＊（いわなが ただやす）
　　第1章・第2章・第3章・第9章執筆
　　佐賀大学名誉教授・博士（商学）

宮内 拓智（みやうち たくじ）
　　第4章執筆
　　成美大学経営情報学部准教授

真部 和義（まなべ かずよし）
　　第5章・第11章執筆
　　久留米大学商学部教授

南方 建明（みなかた たつあき）
　　第6章・第10章執筆
　　大阪商業大学総合経営学部教授・博士（経済学）

番場 博之（ばんば ひろゆき）
　　第7章執筆
　　駒澤大学経済学部教授・博士（商学）

佐々木 保幸＊（ささき やすゆき）
　　第8章・第12章執筆
　　関西大学経済学部教授・博士（経済学）

編著者紹介

岩永 忠康（いわなが ただやす）
　　佐賀大学名誉教授・博士（商学）
(主要業績)『マーケティング戦略論（増補改訂版）』五絃舎, 2005 年,『現代日本の流通政策』創成社, 2004 年,『現代マーケティング戦略の基礎理論』ナカニシヤ出版, 1995 年,『現代流通の基礎理論』（監修・編著）五絃舎, 2013 年,『マーケティングの理論と実践』（編著）五絃舎, 2012 年,『流通国際化研究の現段階』（監修）同友館, 2009 年,『流通と消費者』（共編著）慶應義塾大学出版会, 2008 年, 他多数。

佐々木 保幸（ささき やすゆき）
　　関西大学経済学部教授・博士（経済学）
(主要業績)『現代フランスの小売商業政策と商業構造』同文舘出版, 2011 年,『小売商業政策の展開』〔改定版〕（共著）同文舘出版, 2006 年,『現代流通機構の解明』（共著）税務経理協会, 2006 年,『現代流通入門』（共編著）有斐閣, 2007 年,『流通と消費者』（共編著）慶應義塾大学出版会, 2008 年, 他多数。

シリーズ現代の流通　第 3 巻
現代の流通政策

2013 年 4 月 30 日　第 1 版第 1 刷発行
2016 年 2 月 27 日　第 1 版第 2 刷発行
2017 年 9 月 15 日　第 1 版第 3 刷発行

編著者：岩永 忠康・佐々木 保幸
発行者：長谷 雅春
発行所：株式会社五絃舎
　　　　〒 173-0025　東京都板橋区熊野町 46-7-402
　　　　Tel & Fax：03-3957-5587
　　　　e-mail：h2-c-msa@db3.so-net.ne.jp
組　版：Office Five Strings
印　刷：モリモト印刷

ISBN978-4-86434-022-9